SUDAN

ERITREA

Tigre ○ Meitschu

DJIBOUTI

Golf von Aden

Derra

Merhabete ○ Alem Katema

■ **Addis Abeba**

○ Harar

Mettu ○ **Illubabor**

Erer-Tal

SOMALIA

ÄTHIOPIEN

KENIA

Strieder / Strauss

Karlheinz Böhm
Was Menschen für Menschen geschaffen haben

Karlheinz Böhm

Was Menschen für Menschen geschaffen haben

20 Jahre für Äthiopien

Text von Swantje Strieder
Fotografien von Jürgen Strauss

Hugendubel

Die Deutsche Bibliothek – CIP-Einheitsaufnahme
Karlheinz Böhm : was Menschen für Menschen geschaffen haben ;
20 Jahre für Äthiopien / Swantje Strieder/Jürgen Strauss. – Kreuzlingen ; München :
Hugendubel, 2001
    ISBN 3-7205-2261-X

Umschlaggestaltung: Zembsch' Werkstatt, München
Produktion: Maximiliane Seidl
Satz: EDV-Fotosatz Huber/Verlagsservice G. Pfeifer, Germering
Druck und Bindung: Mohn Media, Gütersloh
Printed in Germany
ISBN 3-7205-2261-X

Inhalt

Teil II
Die Menschen hier
Sammeln ohne Grenzen – was die Spender bewegt 125

Vorwort von Prof. Roman Herzog, Bundespräsident a.D.

Man glaubt es kaum: die große Initiative »Menschen für Menschen«, die Karlheinz Böhm im Jahre 1981 ins Leben gerufen hat, feiert in diesem Jahre bereits ihren zwanzigsten Geburtstag.

Die Entstehungsgeschichte brauche ich gewiss nicht noch einmal zu erzählen; sie ist oft genug erzählt worden und jeder, der sich nur einigermaßen für Afrika interessiert, kennt sie ohnehin. Auch die zwanzig Jahre, von denen ich soeben gesprochen habe, sind an sich nichts Besonderes; sie ergeben sich ganz einfach aus dem Gründungsjahr und den Regeln Adam Rieses.

Was ich aber berichten möchte, sind Beobachtungen, die ich selbst vor fünf Jahren, bei meinem Staatsbesuch in Äthiopien, im Erer-Tal gemacht habe – und das Erer-Tal ist einer der Arbeitsschwerpunkte der Böhmschen Stiftung.

Ich war nur kurze Zeit, zusammen mit Karlheinz Böhm, in jenem Tal. Aber drei entscheidende Dinge sind mir nachhaltig im Gedächtnis geblieben:

Karlheinz Böhm und Roman Herzog bei der Inbetriebnahme eines Brunnens in Äthiopien. (Foto: dpa)

1. Die Arbeit war bis in die kleinsten Dinge hinein von dem Grundsatz »Hilfe zur Selbsthilfe« bestimmt. Das ließ sich u.a. an den Brunnen sehen, die im Tale in erheblicher Anzahl geschlagen worden waren, oder – um nur ein zweites Beispiel zu erwähnen – an den neuen landwirtschaftlichen Kenntnissen und Methoden, die die Stiftung ins Tal

9

gebracht hatte und zu denen natürlich fortschrittliches Gerät mitgeliefert worden war.

2. In die gleiche Richtung weisen die Kleinstkredite von ca. 350 DM, die die Stiftung an zahllose arme Frauen vergibt und mittels derer diese Frauen mit unglaublichem Fleiß (und übrigens auch mit unglaublicher Zahlungsmoral) sich und ihren Kindern eine neue Existenz geschaffen haben und immer noch schaffen.

3. Die letzte Konsequenz aus dem Prinzip »Hilfe zur Selbsthilfe« habe ich an jenem Tag im Erer-Tal während einer schönen Zeremonie erlebt: Als nämlich Karlheinz Böhm die Planung und Verwaltung im Tal aus den Händen seiner Stiftung in gut geschulte einheimische Hände übergab. Für mich war das die Probe aufs Exempel.

Von dem kleinen Krankenhaus, das es im Tal gibt, und von dem Vertrauen, das die Patienten Böhm entgegenbrachten, will ich hier nicht weiter berichten. Völlig unerwähnt soll es aber doch nicht bleiben.

Dass das Werk jetzt zwei Jahrzehnte lang besteht und dass es so besteht, wie ich es erlebt habe, ist auch in Afrika, wo es nicht nur so viel Deprimierendes, sondern für den, der es nur sehen will, auch so viel Ermutigendes gibt, immer noch etwas Besonderes. Ich hoffe, sie wird auch weiterhin so wirken wie bisher.

München, im Sommer 2001

Roman Herzog

Vorwort
von Frank Elstner

Moderator »Wetten, dass ...?«

Als sich Karlheinz Böhm am 16. Mai 1981 bei meiner Sendung »Wetten dass ...?« plötzlich an das Publikum wandte und seinen leidenschaftlichen Spenden-Appell mit der Ein-Mark-Spende für die armen Kinder in Äthiopien begann, wusste ich sofort, das ist keine Wichtigtuerei, sondern einer der wichtigsten Momente im Leben dieses großartigen Schauspielers. Eigentlich fürchtet man sich als Moderator vor solchen Sidesteps in einer Live-Unterhaltungssendung, aber da ich ein gutes Gespür für die Atmosphäre im Saal hatte, wusste ich gleich, dass das Publikum drinnen und draußen an den Bildschirmen dem Vortragenden absolut vertraute, weil man spürte, wie sich Karlheinz Böhm 100-prozentig selbst hergab und dieser Moment gleichzeitig ein Wendepunkt in seinem eigenen Leben war.

Ich bin sehr stolz darauf, dass ich diesen Moment aus nächster Nähe miterleben durfte und wünsche Karlheinz Böhm für sein Lebenswerk »Menschen für Menschen« immerwährendes gutes Gelingen.

Luxemburg, im Sommer 2001

Vorwort von Karlheinz Böhm

Liebe Leserin, lieber Leser,

ich kann mich noch sehr genau an das aufregende Gefühl erinnern, als ich am 30. Oktober 1981, also vor 20 Jahren, das erste Mal nach Addis Abeba flog, mit der Verantwortung für die sagenhaften 1,7 Millionen Mark Spenden, die mir Fernsehzuschauer aus Deutschland, Österreich und der Schweiz bei der inzwischen berühmten Wette im ZDF anvertraut hatten. Ich war Schauspieler und verfügte zwar über gut 35 Jahre Bühnen- und Filmerfahrung, aber von Afrika wusste ich damals nicht viel mehr, als dass es ein ehemaliger Kolonial-Kontinent war und dass die Menschen dort hungerten – bis hin zu der Tatsache, dass jedes Jahr Millionen Menschen an Hunger sterben.

Damals war ich 53, und damit fünf Jahre über der durchschnittlichen Lebenserwartung eines Äthiopiers. Und niemand, auch ich selber nicht, konnte ahnen, dass es nicht ein Ausbruch, sondern ein Aufbruch in

(Foto oben: MfM)

einen so ganz anderen Kulturkreis sein würde, als dessen Zeichen ich heute zwei goldene Ringe am Finger trage: den einen zum Zeichen der Ehe mit meiner äthiopischen Frau Almaz, meiner engsten Beraterin, den anderen als Zeichen meines lebenslangen Engagements für das Land Äthiopien, einem der drei ärmsten Länder unseres Planeten Erde.

Wenn ich in den letzten zwei Jahrzehnten eines verstanden habe, dann ist es, dass es keine erste, zweite und dritte Welt gibt, sondern dass wir Menschen alle ein und denselben Planeten bevölkern, dasselbe Recht auf ein menschenwürdiges Dasein haben und uns im Übrigen sehr viel ähnlicher sind, als Politiker, Religionsoberhäupter und Stammtischpatrioten uns weismachen wollen. So fragte mich einmal der Rektor der landwirtschaftlichen Universität in Alemaya, der einzigen ihrer Art in Äthiopien, wie es uns von *Menschen für Menschen* gelungen sei, die 3200 Halbnomaden vom Stamm der Hauiwas in unserem ersten Projekt, dem Erer-Tal, in nicht einmal 20 Jahren sesshaft zu machen. Normalerweise rechne man über 40 Jahre, also etwa zwei Generationen, für eine so gewaltige Umstellung. Als ich ihm sagte, ich sei selbst Halbnomade, musste er lachen.

Nun, die Fakten sind: Ich wurde 1928 als Sohn des österreichischen Dirigenten Dr. Karl Böhm aus Graz in der Steiermark und der deutschen Sopranistin Thea Linhard aus München in Darmstadt geboren, wo mein Vater Generalmusikdirektor war. (Dieser riesige Titel begleitete ihn übrigens während seines ganzen Lebens.)

Im Jahr 1930 wurde er Leiter der Hamburger Oper, wo ich zum ersten Mal in den Kindergarten ging. Auf dem steil nach oben führenden Berufsweg meines Vaters wechselten wir 1933 von der Hansestadt nach Dresden. Dort kamen die Volksschuljahre bis hin zum ersten Gymnasialjahr. Der Krieg begann 1939, und meine Eltern wollten mich davor bewahren. Zuerst ging es für ein Jahr nach Kufstein, einer Stadt in der ursprünglichen Heimat meiner Familie, Österreich, und von da an bis zum Dezember 1945, nach dem Ende des Zweiten Weltkrieges, in ein sehr internationales Internat in der Schweiz, in dem kleinen Dorf Zuoz im Engadin im Kanton Graubünden. Es folgten drei Jahre in der Vaterstadt Graz mit dem Abitur und dem Studienbeginn an der Universität. 1949 der Beginn des Schauspielstudiums in Österreichs Hauptstadt Wien und die ersten Theaterauftritte am dortigen Burgtheater und meiner künstlerischen Heimat, dem Theater in der Josephstadt. Nach der ersten Filmhauptrolle in München in »Alraune« mit Hildegard Knef wurde die Stadt München von 1953 bis 1958 ein zentraler Wohnsitz – obwohl mich die Filmkarriere, die sowohl populäre Filme wie die »Sissi«-Trilogie oder »Der Gauner und der liebe Gott« als auch kritische Filme wie »Die Ehe des Dr. med. Danwitz« beinhaltete, in viele Städte in Deutschland, Österreich und der Schweiz führte. Ein Jahr lebte ich in London, wo ich u.a. meinen vielleicht besten Film »Peeping Tom« mit Michael Powell drehte, ein Jahr in Paris, zehn Jahre hatte ich meinen Wohnsitz im Tessin in der Schweiz, drei Jahre verbrachte ich in Hollywood und fast ein Jahr in Japan. Dann wieder München, Frankfurt, Berlin, Zürich, Basel, Köln, bis hin zum Düsseldorfer Schauspielhaus, wo ich ein Jahr eine der Traumrollen jedes Schauspielers, den »König Lear« von Shakespeare, spielte und von wo aus am 16. Mai 1981 in der Sendung »Wetten, dass…?« mit Frank Elstner *Menschen für Menschen* geboren wurde.

Kurz vor Weihnachten 1981 kam die erste Begegnung mit diesen Menschen in einem sogenannten Hungerlager, wie man fast abschätzend sagt, in dem kleinen Städtchen Babile im Osten Äthiopiens.

Ihre Sprache kannte ich nicht, aber die Sprache, die alle Menschen auf unserem gemeinsamen Planeten sprechen, die hatte ich gelernt. Ich ging auf die Hauiwa, diese Halbnomaden, mit weit offenen Armen zu und lächelte. Sie öffneten ihre Arme genauso und ihre Kinder kamen zu mir. Ich war kein Fremder mehr. Einen Dolmetscher zu finden war kein Problem. Dass Berhanu Negussie bis zum heutigen Tag mein engster Mitarbeiter geblieben ist und sogar eine tiefe Freundschaft daraus entstand, wusste ich damals noch nicht. Und dass aus dieser ersten Begegnung für – damals wie heute – 3200 Menschen, aber genauso für mich eine neue Zukunft, eine andere Dimension unserer Lebenswege geöffnet war: Wer hätte das voraussehen können?

Aus dem Bekenntnis zum Nicht-Wissen entwickelte sich ein Wissen-Wollen, das mehr und mehr auch zu einem gemeinsamen Verstehen führte. Wenn ich daran denke, dass Berhanu Negussie und ich Woche für Woche irgendwo unter einem Baum mit den neu angesiedelten Menschen diskutierten, wie es weitergehen sollte. Nein, wir haben nicht versucht, diese Halbnomaden zu bekehren. Wir haben gestritten, gemeinsam begriffen, was man tun kann und was man nicht tun soll. Und aus den Fehlern, die wir gemacht haben, haben wir gemeinsam gelernt. Die

Namen der neuen Dörfer kamen von den Hauiwas und aus ihrer Sprache Oromifa. Außer dem ersten. Ich hatte gefragt, was denn »Frieden« in ihrer Sprache hieße und so entstand das erste Dorf mit dem Namen »Nagaya«. Die anderen waren Abdi (Hoffnung), Biftu (Aufgehende Sonne) und Ifa (Großes Licht).

Wie viele Menschen kamen mir durch das gemeinsame Aufbauen so nahe! Ob das Nuria war, die heute 13 Kinder hat (obwohl wir uns geeinigt hatten, dass es pro Familie nicht mehr als zwei sein sollten), oder Abdi Ali, der heute eine Art Bürgermeister der vier Dörfer ist, oder Ibru Dima, Baschir oder Mohamed Ali. Letzterer ist der Vater des Kindes, das ich mit drei Jahren einmal in dem Lager Babile in den Armen hielt, als zufällig ein Fotograf aus Deutschland ein Bild machte, das zum Logo von *Menschen für Menschen* werden sollte. Das kleine Mädchen Sa'an ist heute verheiratet und hat selbst zwei Kinder, die ungefähr so alt sind, wie sie damals war. Und Fatuma Ayo – Mutter – Fatuma, wie sie alle nannten, und Halima und Abu Becker und Eran und Adam Hussein und und und …

Ja, fast sieben Jahre lang war das Erer-Tal mein Zentrum. Nur dreimal im Jahr musste ich nach Europa, um in Deutschland, Österreich und der Schweiz wieder Menschen zu finden, die mir ihr Vertrauen schenkten und damit die Basis, den Menschen in diesem Land Äthiopien die Möglichkeit zu einer eigenen Entwicklung zu geben. Der damalige Bundespräsident Roman Herzog war bei seinem Besuch 1996 Zeuge, als das Erer-Tal formal an die Hauiwa-Bauern in die Unabhängigkeit übergeben wurde.

Ein eigenes Häuschen mit etwa 60 m² habe ich dort gebaut und dort nicht nur die Wurzeln gefunden, die ich mein ganzes Leben lang gesucht habe, ein wirkliches Zuhause, sondern auch die Frau, die mehr als mein Lebensglück ist. Mit ihrem Fachwissen als Agronomin, aber mehr noch dadurch, dass sie mit der Mentalität dieser Menschen aufgewachsen war, hat sie mir mehr geholfen, als ich sagen kann. Ihr habe ich es zu verdanken, dass viele Fehler bei *Menschen für Menschen* vermieden worden sind. Ihr Name Almaz bedeutet »Diamant«, und das ist und war sie sicher nicht nur für mich, sondern auch für unsere Projekte und wird es in vielerlei Hinsicht auch in Zukunft für *Menschen für Menschen* sein.

Als Übersetzerin leistet sie mir unschätzbare Dienste. Almaz war auch dabei, als wir nach 1996 ein Treffen mit den Erer-Bauern abhielten, um zu hören, wie der Übergang in die Unabhängigkeit funktionierte. Auf einmal lachte sie lauthals auf, als ihr ein Siedler, der heute leider nicht mehr lebt, sein Name war Lentscho, etwas sagte. Sie übersetzte mir: »Karl, du bist doch auch nicht mehr der Jüngste. Wir sind jetzt 440 Familien. Was wäre, wenn jeder von uns drei oder vier Birr (etwa ein halber Euro) zusammenlegen würde? Dann könntest du dich doch bei uns zur Ruhe setzen!«

Es gab bei meiner tiefen Verbundenheit zum Erer-Tal doch einen Moment, wo ich entschlossen war, *Menschen für Menschen* aufzulösen und mich aus Äthiopien zurückzuziehen. Auch wenn ich mich heute noch nachträglich dafür schäme, bekenne ich mich dazu.

Es war die Zeit der internen Machtkämpfe, die in den neunziger Jahren des letzten Jahrhunderts besonders auch auf religiöser Basis stattfanden. Man wusste, dass ich an diesem Tag im Erer-Tal ein kleines Dorf mit Namen Bidi Bora besuchen wollte, um dort eine Wasserstelle, eine Krankenstation und vielleicht sogar eine Schule aufzubauen.

Bei meiner Ankunft in unserem agrotechnischen Trainingszentrum (ATTC) in Harar kamen einige Mitarbeiter mit verstörten Gesichtern auf mich zu. Man habe gerade auf der einzigen Telefonverbindung zum Erer-Tal angerufen. Ein Toyota-Pickup mit drei MfM-Mitarbeitern und vier Bauern aus Bidi Bora sei auf dem Weg zu der im Bau befindlichen Wasserstelle, nachdem drei etwa 8–10-jährige Buben auf den Pickup aufgesprungen waren, auf eine Landmine gefahren und explodiert. Alle zehn Menschen seien tot.

Ich kann und werde den tiefen Schock nie vergessen. Als ich wieder bewusst zu denken begann, wollte ich als Erstes für immer mit *Menschen für Menschen* aufhören und alles aufgeben. Aber wenige Momente später wurde mir bewusst, dass es die Falschen gewesen wären, die ich bestraft hätte. Und als ich später einmal mit meinen Kindern Nicolas und Aida und meiner Frau Almaz dort auf dem Boden kniete, wo die Landmine gelegen hatte, und wir einen Gedenkstein für diese zehn Menschen setzten, da musste ich nicht nur an die Mörder denken, die für ihre sinnlosen Machtkämpfe diese Minen gelegt hatten, sondern auch an die, die diese Waffen produzieren und daran viel Geld verdienen.

So unverständlich es mir ist, dass die Regierungen der reichen Industriestaaten rechtlich erlauben, dass diese Mörder-Waffen produziert werden, so sehr bekenne ich mich dazu, dass ich deren Produzenten für die schwersten Verbrecher halte, die es in der Geschichte der Menschheit gegeben hat – durchaus gleichzustellen einem Mörder wie Hitler oder Stalin. Aber man schweigt es tot. Landminen, diese infamste Waffe, die Menschen je ersonnen haben, töten fast immer nur Unschuldige oder verstümmeln sie auf die grausamste Weise. Sie werden exportiert und wieder und wieder in die Erde gegeben, um zu zerstören.

Wenn Sie, die Sie diese Worte lesen, erlebt hätten, wie diese zehn unschuldigen Menschen, darunter drei Kinder, zerrissen wurden – ich bin sicher, Sie würden mich nicht nur verstehen, sondern auch etwas dagegen tun.

Gott sei Dank, dass ich wenige Stunden darauf die Arbeit fortsetzte, und wenn ich sehe, wieder und wieder, wie wunderbar sich das Leben dieser Menschen in einem der schönsten Länder der Erde entwickeln, dann habe ich eine Hoffnung: die Hoffnung auf morgen!

Im Oktober 2000 kam ich wieder einmal in meine zweite Heimat und brachte das Team, das dieses Buch geschrieben und fotografiert hat, mit. Der Empfang war, wie fast immer, überwältigend. Die jungen Bauern zeigten mir einen handgegrabenen Bewässerungskanal von fünfeinhalb Kilometern Länge. Etwa 200 Hektar Land können damit neu bewässert werden. Beim Durchschneiden des weißen Bandes zur Eröffnung sagte ich mit ein paar Worten, wie glücklich ich über dieses neue Projekt sei und wie unglücklich darüber, dass uns das nicht schon vor 15 Jahren eingefallen sei.

Da stand ein junger Mann auf, er war etwa 18 Jahre alt, ich hatte ihn am Morgen noch in der Schule gesehen, und sagte: »Karl, es ist schön, dass du dich über unseren Bewässerungskanal freust. Aber du brauchst nicht traurig zu sein. Wir sind die neue Generation. Wir schaffen es allein. Wir brauchen dich nicht mehr.«

Leider gilt das noch nicht für das ganze Land Äthiopien.

In den letzten 20 Jahren ist *Menschen für Menschen* zu einer großen, aber menschlichen Organisation gewachsen, wie es auch die vielen Reaktionen auf unsere Arbeit zeigen. Dass wir dabei mit unserer notwendigen Verwaltung bei unter sechs Prozent der Ausgaben liegen, was für eine Hilfsorganisation als extrem niedrig gilt, ist eine zentrale Grundlage unserer Stiftung. Diese Effizienz bestätigt uns auch das renommierte

Deutsche Zentralinstitut für Soziale Fragen in Berlin, das uns Jahr für Jahr das begehrte grüne DZI-Spendensiegel verleiht.

340 Millionen Mark (173,4 Millionen Euro) haben Sie, liebe Spender, mir in den letzten 20 Jahren anvertraut. Eine gewaltige Summe, mit der wir, wie Sie sich auf den folgenden Seiten überzeugen können, eine Menge geschafft haben. Seit der bekannten Fernsehwette habe ich einen 24-Stunden-Job. Über 600 äthiopische und nur sechs europäische Mitarbeiter setzen sich vor Ort für unsere umfassenden, vor allem ökologisch und sozial ausgerichteten Projekte ein, die inzwischen eine Fläche betreffen, die so groß ist wie Holland. Irgendjemand von *Menschen für Menschen* hat einmal ausgerechnet, dass wir 2 Millionen Menschen mit Ihrer Hilfe zur Selbstentwicklung erreicht haben: eine gewaltige Anzahl von Betroffenen. Für mich bleiben das aber immer 2 000 000 mal ein Mensch. Jeder einzelne zählt dabei, jeder Mensch ist einmalig, jeder hat eine Geschichte! Unsere gemeinsame Arbeit gibt mir Kraft, auf diesem Weg weiterzugehen.

Vor allem ist mit Almaz die Frage, was denn aus *Menschen für Menschen* wird, wenn ich nicht mehr da bin, aus meinen Gedanken verschwunden. Schon heute ist sie durch ihre Vortragsreisen, ihre Auftritte im Fernsehen und in der weiteren Öffentlichkeit meine Nachfolgerin geworden – und das nicht nur im legalen Sinn als stellvertretende Vorsitzende in Österreich, Deutschland und in der Schweiz. Wir gehen heute diesen Weg gemeinsam, auch wenn er noch so lang ist, als

Menschen für Menschen.

Ihr

Grödig, im Sommer 2001

Karlheinz Böhm ist in
Afrika angekommen:
bei seinen geliebten Menschen
in seiner zweiten Heimat Äthiopien

»Dank Sissi habe ich eine Brücke zu den Leuten«
Karlheinz Böhm – Biografische Randnotizen

Es verfolgt ihn. Das Image klebt an ihm wie goldgelber Sirup. Lebenslänglich. Bei seinen Auftritten auf Gala-Abenden und in Fernsehshows blenden sie oft immer noch die besten Szenen ein. In den letzten 20 Jahren, die Karlheinz Böhm ausschließlich für *Menschen für Menschen* arbeitet, hat er wohl kaum einen Äthiopien-Vortrag in Stadthallen, Schulen, Betrieben, Clubs und Vereinen halten können, ohne dass zu vorgerückter Stunde das berühmte Stichwort gefallen wäre : »Sissi«!

Kitsch hin, Kitsch her, Sissi war und ist ein Welterfolg. Und der Kaiserdarsteller von einst bezieht die Ära der Herz- und Schmerzfilme souverän in sein heutiges Leben als Helfer in Afrika mit ein. »Drei exzellente Unterhaltungsfilme mit ausgezeichneten Schauspielern, sonst würde die heute nach 45 Jahren wohl keiner mehr sehen wollen«, sagt Karlheinz Böhm heute. Er selbst bekommt keinen Pfennig Tantieme. Wirklich schmerzt ihn jedoch etwas anderes: dass Medienmogul Leo Kirch, der tausende von internationalen Filmrechten, so auch die Sissi-Trilogie (»Sissi«, 1955, »Sissi, die junge Kaiserin«, 1956, »Sissi – Schicksalsjahre einer Kaiserin«, 1957), unter Verschluss hält und profitabel vermarktet, nicht die Größe hat, einen Bruchteil des Gewinns – Böhm: »Sagen wir, eine Mark pro Zuschauer!« – für die gute Sache des Hauptdarstellers, nämlich Äthiopien, zu spenden.

Eigentlich hat ihm die »rosarote Marzipan-Schweinchen-Geschichte« um die Habsburger Monarchie nie sonderlich gefallen. Als junger Schauspieler, der einmal ein Großer wie Laurence Olivier werden wollte, mochte er seine Rolle als Franz Josef, der ständig »Küss die Hand, Mama!« zur Erzherzogin Sophie sagen musste, nicht. Gerüchten zum Trotz, hatte er im Übrigen nie mehr als ein freundlich-distanziertes Verhältnis zur 16-jährigen Romy Schneider, die ihn anfangs brav »Onkel Karlheinz« nannte. Doch er steht zu diesen Filmen, anders als seine Partnerin, die mit dem klebrigsüßen Image niemals richtig fertig geworden war.

»Kurz vor ihrem Tod habe ich der Romy noch am Telefon gesagt: ›Wie schade, dass du dich nicht zu diesen Filmen bekennst!‹« Böhm war es vergönnt zu begreifen, dass er, wo immer er auftritt und solange er atmet, »dank Sissi eine wunderbare Brücke zu den Leuten« hat.

Anfangs schien sein Äthiopien-Engagement im Alter von immerhin 53 Jahren ein tiefer Einschnitt in seiner ohnehin wechselvollen Biografie. Er dagegen betrachtet es eher »als konsequente Weiterentwicklung eines Aufstandes gegen sich selbst«. Als junger Mensch sei er eher konservativ und angepasst gewesen, erst im Alter sei er radikal geworden, aus Wut über die Ungerechtigkeit, denn »die Verhältnisse, die sind nicht so« – frei nach Brecht.

Ausbrüche aus seinem fremdbestimmten Leben hatte Böhm auch schon früher mehrfach versucht, doch was er auch machte, er blieb eigentlich immer der »bekannte Sohn eines berühmten Vaters«, wie die *Frankfurter Rundschau* einmal schrieb. Aufgewachsen im Schlagschatten des großen unerbittlichen Karl Böhm, eines musikalischen Genies, und der dominanten Mutter, einer Sängerin, hatte auch er, der hypersensible einsame Junge, Musiker werden wollen – um den Ansprüchen des Vaters zu genügen, um die Mutter zu besänftigen. Mit 15 spielte er dem Brahms-Interpreten und engen Freund seiner Eltern, Wilhelm Backhaus, im Tessin vor. Das ernüchternde Urteil des Pianisten: »Für den Sohn vom Böhm 'n bisschen wenig.« Mit der Schauspielerei – eigentlich wollte er Regisseur werden – klappte es dann in den Nachkriegsjahren, zumindest in der leichten Muse und im Film: an der Seite von Käthe Dorsch im Wiener Burgtheater (1949), an der Seite von Hildegard Knef in »Alraune« (1952). Doch während sein Vater, der Dirigent Karl Böhm, Welterfolge als Wagner-, Strauss- und Mozart-Interprete feierte, war Karlheinz nur das »schöne Aushängeschild dieser unheimlich oberflächlich rotierenden fünfziger Jahre«, wie er es heute nennt, »einer verlogenen heilen Welt, die ihre Nazivergangenheit verdrängte.«

Prinzen-, Grafen- und Liebhaber-Rollen hätte er dutzendfach haben können, doch der Einstieg ins seriöse Filmgeschäft fiel schwer. 1960, nur drei Jahre nach »Sissi«, spielte er in Michael Powells »Peeping Tom« mit großer Einfühlsamkeit die Rolle eines besessenen jungen Kameramannes, der zwanghaft Frauen mordet und dabei voyeurhaft ihre Todesangst filmt. Böhm hatte sich vollkommen in die Rolle des Psychopathen gestürzt, der in der Kindheit von seinem Vater zerstört wird. Er glaubte fest an den Welterfolg des Filmes, der etwa zur gleichen Zeit wie Hitchcocks »Psycho« entstand. Doch bei der Londoner Premiere floppte der von hohen Erwartungen begleitete Psychothriller. Die *Daily Tribune* wollte ihn »in der nächsten Toilette herunterspülen«. Einen

»schmierigeren und ekelhafteren Film« konnte sich die *Stuttgarter Zeitung* nicht vorstellen. »Unser sanftäugiger Karlheinz Böhm, der unter beträchtlichen mimischen Anstrengungen solchem Schmutzgewerbe nachgeht«, erboste sich der *Katholische Filmdienst*. Erst 19 Jahre später wurde Michael Powells Psychothriller von Martin Scorsese auf dem New Yorker Filmfestival von 1979 wiederentdeckt und wird seither – zu spät für Böhms Karriere – als eines von 20 Meisterwerken der Filmgeschichte gefeiert.

Es wurde still um den angeblich Sanftäugigen. Nach dem Fiasko von »Peeping Tom« versuchte Böhm sich in Hollywood und kam über drei belanglose Streifen bei MGM nicht hinaus. Dann blieben die großen Angebote aus. Einige Jahre zog er sich, verzweifelt und depressiv, in die »splendid isolation« seines romantischen Bauernhauses im Tessin zurück, aus der ihn nur seine dritte Frau, die polnische Schauspielerin Barbara Lass, in ihrer streitbaren vitalen Art immer wieder ins pralle 68er Leben zurückführte. Böhm debütierte an der Seite seines Vaters als Opernregisseur mit »Elektra« von Strauss, spielte Schnitzlers »Liebelei« und die »Traumnovelle« in Wien, die 40 Jahre später als »Eyes wide shut« von Stanley Kubrick mit Tom Cruise ein Comeback feierte. Ein bisschen Theater, ein bisschen Fernsehen und Synchronisation – Böhm ist erst Mitte 30 und fühlt sich künstlerisch am Ende.

Der zweite Ausbruchsversuch kam Anfang der Siebziger mit Fassbinders Revoluzzer-Filmtruppe. Böhm hatte den Regisseur in der schwarzen Lederkluft, der sein proletenhaftes Benehmen kultivierte, in der Kantine der Bavaria-Filmstudios in München kennen gelernt. Was Kennenlernen so heißt: Bürgerschreck Fassbinder hatte auf Böhms spontane Komplimente zu dessen Erfolgsfilm »Katzelmacher« nur einmal kurz aufgeblickt, ein »Mmmh« gegrunzt und einfach weitergegessen. »Grässlich«, dachte Böhm. Eine Woche später war er für die Hauptrolle in Fassbinders Fernsehfilm »Martha« (1973) engagiert, den er nach »Peeping Tom« für den wichtigsten seines Lebens hält. Böhm, der gefallene Engel, spielte nun statt lichter Gestalten Marthas vordergründig liebenswürdigen, in Wahrheit sadistischen Ehemann und andere hintergründige Charaktere, etwa in »Faustrecht der Freiheit« (1974) oder in »Mutter Küsters Fahrt zum Himmel« (1975).

Die Böhm-Fans aus den Sissi-Tagen verabscheuten den »Homo« Fassbinder, und umgekehrt duldeten dessen Anhänger den bürgerlichen Altstar Böhm nur so eben auf der Leinwand, mochte der auch die ihm gegen den Strich gehenden Rollen noch so gut spielen. Aber das diktatorische Filmgenie half dem Schauspieler Böhm aus seiner Krise, indem er ihm zwei Dinge beibrachte: »Kümmere dich nicht um die Ärsche«, und: »Du musst zu allen Phasen deines Lebens stehen, sonst verrätst du dich selbst.« Dazu gehört eben auch Sissi.

Ohne die Begegnung mit Fassbinder, da ist Böhm sich sicher, hätte er nie den letzten großen Ausbruch, der für ihn ein Aufbruch werden sollte, gewagt – das Abenteuer Afrika. Denn erst Fassbinder hat den angepassten Menschen Böhm so politisiert, dass er nicht mehr bereit war, sich mit halben Wahrheiten abspeisen zu lassen. »Für wen oder was stehst du eigentlich?«, fragte Böhm, der Bürgerssohn, einmal den linken Regisseur, der selber aus stockkonservativen Kreisen stammte. »Ich beobachte nur, was faul ist – ob das jetzt links, rechts, vorne, hinten, oben, unten ist, das ist mir ganz wurscht, ich schieße nach allen Richtungen.« Eine Maxime, die Böhm mit zunehmendem Alter und wachsender Verantwortung in Äthiopien immer mehr beherzigt.

Nach dem Fassbinder-Intermezzo genießt Böhm noch einmal die hohe Schule des Theaters: Schnitzler, Shaw, Tschechow, Strindberg. Er geht monatelang auf Tournee, wird endlich als ernsthafter Schauspieler anerkannt, doch seine Ehe zu Barbara Lass zerbricht, das Verhältnis zu seiner geliebten Tochter Katharina, heute selber eine gute Schauspielerin, kriselt. Für die Rolle des Bonvivant Hofreiter in Schnitzlers »Das weite Land« bescheinigt ihm ein Schweizer Kritiker, »auf dem schmalen und nur wenigen vorbehaltenen Weg zum großen Menschendarsteller« zu sein. 1979 spielt Böhm am Düsseldorfer Schauspielhaus Shakespeares »König Lear«, den viele Kollegen als Traum- und Endziel ihrer Karriere bezeichnen, und stößt in der vierstündigen Rolle an die Grenzen seiner physischen und psychischen Belastbarkeit. Wie der alte König Lear, so sieht er es heute, begreift er im Wahnsinn die Wahrheit der Welt.

Und dann kam schon bald, am 16. Mai 1981, die Wette seines Lebens.

Sein letzter Auftritt war zwei Jahre später am Wiener Theater in der Josephstadt, das Böhm immer als seine künstlerische Heimat bezeichnet hat: »Der Schwierige« von Hugo von Hofmannsthal, eine Traumrolle – auch wenn manch einer »nomen est omen« sagte.

Seither ist seine Bühne Äthiopien. »Bedauern Sie Ihren Abschied vom Theater nicht?«, frage ich Karlheinz Böhm an einem heißen afrikanischen Oktober-Tag 20 Jahre später im Erer-Tal. Er guckt erstaunt. »Schauen Sie, ich habe 34 Jahre nichts anderes gemacht, als mich Menschen mitzuteilen, sie zu bewegen, sie politisch aufzurütteln, sie zum Weinen oder Lachen zu bringen«, sagt er, »wenn ich heute die Halbnomaden hier motiviere, Bäume zu pflanzen und Felder zu bewässern, dann mache ich doch auch nichts anderes! Nur das Kostüm ist gefallen, die Maske, heute bin ich eben schlicht der Karlheinz Böhm.«

»Bauer sein ist cool«

Ein Tag im Leben des Halbnomaden
Karlheinz Böhm

Eigentlich ist alles wie früher. Karlheinz Böhm alias Mr. Karl, wie sie ihn liebevoll nennen, sitzt auf dem einzigen Holzstuhl, und vor ihm hocken an die 200 Bauern im Halbkreis am Boden, die Männer in Shorts und Lendenschurz, die Frauen in langen Kleidern und bunten Tüchern. Neben ihm lehnt, wie damals, als Karlheinz Böhm die halbverhungerten Gestalten aus dem Nomaden-Auffanglager Babile hierher ins fruchtbare Erer-Tal brachte, Berhanu Negussie, *Menschen für Menschen*-Mitarbeiter der allerersten Stunde. Die Versammlung ist munter, es geht um Ernte und Regenzeiten, um Aussaat und Dorfangelegenheiten. Berhanu, Böhms »Mund und Ohr« in Äthiopien, übersetzt so fließend aus der Oromo-Sprache, dass auch der Humor und Mutterwitz der Halbnomaden rüberkommt.

Also alles wie früher? Der Filmkaiser Franz Josef der fünfziger Jahre sitzt ein wenig gebeugter da, zumal er den Arm wegen einer Schulterver-

Bauern im Erer-Tal.

27

letzung zur Zeit in Schlinge trägt. Hin und wieder greift er mit der gesunden Hand zum nahe liegenden Pferdehaarwedel, um die lästigen Fliegen zu verscheuchen, manchmal zieht der 73-jährige eine Pillenschachtel aus der Tasche und nimmt einen »Pensionärskonfekt«, wie er seine Herz- und Kreislauftabletten nennt. Eisern hält der alte Herr in der afrikanischen Mittagshitze durch, als würde er einem Zeremoniell an der Wiener Hofburg beiwohnen.

Alles wie früher, als *Menschen für Menschen* in Äthiopien die Arbeit begann? Fast alles. Die Tropenbäume, deren Samen ein wohlmeinender Spender Karlheinz Böhm damals im Dezember 1981 ins erste Reisegepäck nach Afrika mitgab, sind riesige Schattenspender geworden, in denen allerlei Arten bunter Vögel zwitschern. Dolmetscher Berhanu, heute einer der besten Projekt-Manager von Äthiopien, zeigt neuerdings einen netten, kleinen Bauchansatz unterm Buschhemd. Abdi Ali, eine beeindruckende Nomadengestalt im Erer-Tal, ist grau geworden, sodass seine Frauen – ist es die Zweit- oder Drittfrau, die dort mit dem Baby sitzt? – immer jünger wirken. Bauernsprecher Ahmed Ibro grinst mit noch schieferen Zähnen als früher. Und Nurija, das damals gazellenhafte Mädchen, das vor 20 Jahren mit den ersten Siedlern auf Böhms Lastwagen gesprungen war, um dem Hungerlager Babile für immer ade zu sagen, hockt dreimal so dick und zufrieden unterm Baum. »Karrrl«, neckt sie ihn und rollt dabei das r, »fett zu sein heißt in unserer Kultur, dass es einem gut geht!«

»Meine liebe Familie«, beginnt Karlheinz Böhm seine Ansprache. Er richtet herzliche Grüße von seiner äthiopischen Frau Almaz aus, die mit den Kindern Niki und Aida in Salzburg geblieben ist, weil sie dort zur Schule gehen. Vor 20 Jahren, erinnert er sich, habe er einen Bund, ja einen Ehebund mit Äthiopien geschlossen, und so habe er, der ewig

Unstete der Theater- und Filmwelt, der zwischen Wien, Berlin und dem Tessin, zwischen London und Los Angeles, zwischen Darmstadt und Düsseldorf hin- und hergependelt war, hier im Erer-Tal, am Tellerrand der Welt, zum ersten Mal so etwas wie Heimat gefunden. »Ich habe mit euch ehemaligen Halbnomaden gelernt, dass Sesshaftwerden auch etwas sehr Positives ist«, sagt er.

Diskussion mit ehemaligen Halbnomaden, die sich im Erer-Tal mit Hilfe von *Menschen für Menschen* angesiedelt haben.

Dann wendet er sich in einer plötzlichen Eingebung an die Gruppe ganz junger Farmer, die nicht in den Lagern, sondern hier im Erer-Tal geboren wurden und aufgewachsen sind. »Bauer sein ist cool«, ruft Böhm ihnen zu. Die Jungen sind barfuß und tragen die gleichen steinzeitlichen Hacken und Grabstöcke über dem Rücken wie ihre Väter. Sie können Kamele führen und Vieh treiben, aber sie gehören bereits zur neuen Generation. Junge Leute, die Lesen, Schreiben und ein wenig Englisch in der Schule gelernt haben und die von Jeans, Turnschuhen und Traktoren träumen. »Farming is cool«, sagen sie lachend und lassen sich das neue Wort auf der Zunge zergehen »supercool«.

Von dieser Versammlung unter den Bäumen wird Karlheinz Böhm noch lange erzählen, denn diesmal, nach beinahe 20 Jahren Arbeit, ist doch etwas anders. »Früher haben wir uns oft gestritten und du bist wütend weggelaufen, Karl«, sagt der alte Abu Beker, dessen Gesicht so zerfurcht ist wie die gepflügten Felder drum herum. Denn die 3200 Hauiwas, als Nomaden der Feldarbeit abhold und in den Lagern daran gewöhnt, dass ihnen internationale Hilfsorganisationen die Schüsseln täglich füllten, wollten logischerweise lieber vor ihren Hütten sitzen, als sich acht Stunden unter der Sonne den Rücken krumm zu arbeiten. Auch das Klagen hatten sie schnell gelernt. Regelmäßig bettelten sie »Mr. Karl«, ihren Fütterer, um extra Lebensmittelrationen, Vieh, Ackergeräte oder zusätzliche, neue Wasserstellen an, weil sie die alten hatten verdrecken lassen. »Am liebsten hättet ihr wohl noch eine Disko im Tal«, soll Böhm einmal wutentbrannt ausgerufen haben. »Ich bin immer wieder weich geworden«, sagt er heute selbstkritisch, »weil sie so arm waren, wollte ich immer zuviel geben.« Auch heute noch?

»Der Regen ist nicht rechtzeitig gekommen. Ihr alle habt unter der Dürre im vergangenen Sommer zu leiden gehabt«, hebt Karlheinz Böhm an, in Erwartung des üblichen Bittkanons und der ständigen Forderungen der Siedler. »Wieviel Saatgut und extra Getreiderationen braucht ihr hier im Tal?« Doch da geschieht etwas völlig Unerwartetes. »Karl, du bist und bleibst unser Vater, aber du brauchst uns nicht mehr zu füttern«, sagt der alte Omar eindringlich unter dem zustimmenden Nicken und Gemurmel der Versammlung. »Wir brauchen keine Soforthilfe wie unsere hungrigen Brüder im Ogaden. Es hat zwar ein paar Jahre gedauert, aber wir haben inzwischen gelernt, selbst für uns zu sorgen.«

Kann er seinen Ohren trauen? Am liebsten würde Karlheinz Böhm aufspringen vor Begeisterung, aber die schmerzende Schulter und wohl auch die Bürde der Jahre halten ihn auf dem harten Küchenstuhl. Die Hauiwas, ein Stamm der Oromos, galten bei der äthiopischen Zentralregierung immer als besonders stur und widerborstig. 40 Jahre dauere es, so rechnen Entwicklungsfachleute, bis Hirtenvölker, die seit Jahrtausenden nur den Gesetzen der Wüste, dem Stand der Sonne und den Wasserstellen folgen, sesshaft werden und gar Ackerbau betreiben. Sollten es »seine« Hauiwas, wie er dies dem deutschen Bundespräsidenten Roman Herzog bei dessen Besuch 1996 im Erer-Tal prophezeit hatte, tatsächlich im Zeitraffer von 20 Jahren schaffen?

Es kommt sogar noch besser. Die Siedler aus den vier »Böhmschen Dörfern«, wie die Presse sie anfangs spöttisch nannte, diskutieren gerade über Bewässerung. Ausgerechnet die als faul bekannten Farmer aus dem Dorf Ganda Abdi haben per Hand, ohne jede Maschinenkraft, einen Bewässerungskanal über viereinhalb Kilometer gegraben, unterstützt nur mit logistischem Rat von *Menschen für Menschen*. Nachdem die Bauern von Böhms Lieblingsdorf Nagaya erst abwartend und dann neidisch auf die schönen Ernteerfolge der Nachbarn geschaut haben, beschließen sie heute, ihren eigenen Kanal vom Erer-Fluss abzustecken. Grabung per Hand und Punktum!

Da wird Böhm ganz sentimental vor Freude. »Ich wünschte nur eines«, erklärt er in selbstanklagendem Ton, »wir hätten die Bewässerung schon vor zehn Jahren begonnen.« Da springt Lahad, ein etwa 18-jähriger Junge, auf und sagt für die Alten geradezu unerhörte Worte: »Sei nicht traurig, Karl, aber damals hattest du es mit unseren Eltern zu tun, die kennen nur ihr träges Nomadenleben. Aber wir sind die neue Generation, wir werden das Land schon zum Blühen bringen. Du brauchst dir um uns keine Sorgen mehr zu machen.« Verstohlen wischt sich Karlheinz Böhm über die Augen. Vom Schnulzenkaiser zum Albert Schweitzer, von König Lear zum Buschkönig, hatte die Presse 1981 gespottet und ihn eine männliche Mutter Teresa genannt, doch jetzt, wo seine sehr persönliche Art der Entwicklungshilfe Früchte trägt, zollt sie ihm bei seiner Helfer-Karriere auch viel Applaus. »Es hat sich gelohnt«, murmelt der. Bauer sein ist echt cool.

Dabei war das Jahr 2000 kein gutes Jahr für Äthiopien, eines der drei ärmsten Länder der Welt. Der Krieg mit Eritrea um einen Streifen

Wüstensand hat die sich zaghaft entwickelnde Wirtschaft weit zurückgeworfen. In manchen Landesteilen wie dem benachbarten Ogaden an der Grenze zu Somalia herrscht Hunger – und Armut überall im Land. Sollte man deshalb, wie es die Weltbank und andere internationale Organisationen getan haben, dem gemäßigt sozialistischen Regime in Addis Abeba die Entwicklungshilfe einfrieren? Da wettert Karlheinz Böhm los. Für ihn gäbe es keinen kapitalistischen oder sozialistischen Hunger, er habe immer nur den einzelnen Menschen geholfen, und nicht einer bestimmten Regierung, welcher politischen Couleur auch immer. Und Schuld am Krieg hätten ja wohl die Industrieländer, die den Afrikanern Waffen verkauften, anstatt für faire Rohstoffpreise auf dem Weltmarkt zu sorgen. Seine Wut über die Auswüchse des *Global Capitalism* an den zerfransten Rändern dieser Welt, die Wut, die ihn vor 20 Jahren zum Engagement in Äthiopien trieb, sei eher noch größer geworden.

Wie immer, wenn Karlheinz Böhm nach ein paar Monaten in Salzburg oder auch aus anderen äthiopischen Einsatzgebieten zu seinem allerersten, fast »unmöglichen« Lieblingsprojekt (»Das ist kein Projekt, sondern eine Begegnung von Menschen«, korrigiert er mich) zurückkehrt, spürt er diese leise Angst des Familienvaters, der lange außer Haus war. Als stehe irgendeine Katastrophe vor der Tür. Wie 1984, als die furchtbare Dürre kam, die über eine Million Menschen das Leben kostete. Wie 1993, als die Erer-Farm von moslemischen Rebellen, die die Unabhängigkeit der Oromos forderten, geplündert wurde. »Auch mein Haus war verwüstet und ich fand dann die Perserteppiche, die ich von meinen Eltern geerbt hatte, unter dem Schreibtisch des Anführers«, erinnert er sich sarkastisch. Wie im Mai 1996, als der Geländewagen mit drei Mitarbeitern von *Menschen für Menschen*, vier Bauern und drei Kindern, die zum Spaß hinten auf die Ladefläche gesprungen waren, auf eine Tellermine fuhr und in die Luft flog. Am selben Nachmittag hatte er selbst mit dem Geländewagen die Todesstrecke fahren wollen. Ob die Mine ihm, dem weißen Ausländer galt, der mit seiner westlichen Entwicklungshilfe den Unabhängigkeitskämpfern von der IFLO oder OLF im Wege schien, weiß er nicht. Damals, dieses eine Mal, hatte er an Aufgeben gedacht. Schimären! Er wischt die Ängste beiseite. Die Regenfälle sind diesen Sommer doch noch gekommen, die Rebellen sind fort. Das Erer-Tal, das in der Trockenzeit so staubgrau wie eine mexika-

Karlheinz Böhm sitzt auf
der Terrasse seines Hauses
im Erer-Tal und hört über
den Weltempfänger die
BBC-Nachrichten.

nische Kakteenwüste wirkt, ist grün und weit und sieht so friedlich aus, besonders im ersten Morgenlicht.

Der afrikanische Tag von Karlheinz Böhm beginnt früh um sieben vor dem kleinen Zwei-Zimmer-Haus im Erer-Tal, das er sich privat, etwas abseits von den Verwaltungsgebäuden und der Krankenstation, gebaut hat, um auch nach Übergabe des Projekts unter seinen Bauern sein zu können. Da hört er dann BBC-Nachrichten oder die Deutsche Welle auf dem kleinen Weltempfänger und lädt uns mit einer Handbewegung auf der strohüberdachten Terrasse zum Frühstück ein. »Ist es nicht der schönste Platz der Welt?«, fragt er pathetisch. Kein Lärm, von

nirgendwoher Motorengeräusche, nur das kakophonische Vogelge-zwitscher in den Bäumen. Hoch über uns kreisen majestätische Steppenadler. In der Ferne arbeiten Bauern auf den Feldern, Hirtenjungen treiben das Vieh in die Savanne, und zwei junge Kamele stehen wie schwarze Schattenrisse gegen die rot aufgehende Sonne. Schön ist es, wie in »Jenseits von Afrika«, und dabei ganz ohne jeden kolonialen Touch, denn Böhm versteht sich als erster Diener seines Hilfswerks, sonst gar nichts. »Was macht ein Mensch mit 338 Millionen, die ihm anvertraut worden sind?«, fragt er rhetorisch. Denn jede Spendenmark, jeder Schilling und jeder Franken – dafür steht er persönlich ge-

Landschaft des Erer-Tals, am Horizont der Berg Kundudu (engl: Double U).

rade und deswegen liegt er nachts oft stundenlang wach – soll gut und sinnvoll investiert werden.

Wir sind mitten im Busch, eine gute Wegstunde auf holperigen roten Sandpisten von der nächsten Asphaltstraße und noch weiter von der kleinen Stadt, dem orientalisch anmutenden Harar, entfernt. Aber gefrühstückt wird fast so wie in Salzburg, mit äthiopischem Tee und Kaffee, mitgebrachtem Münchner Pfisterbrot, einem Eckerl Schweizer Käse, deutscher Diätmargarine, äthiopischem Honig, kleinen, aber feinen hiesigen Bananen, Orangen, frischer Milch von glücklichen Erer-Kühen und Rührei aus Eiern der garantiert frei laufenden Hühner – falls sie die Hyänen, die nachts im Erer-Tal herumstreifen, überlebt haben.

Die Sissi-Zeiten, als er noch das »schöne Aushängeschild dieser unheimlich oberflächlich rotierenden Welt der fünfziger Jahre« war, sind lange vorbei, Wien ist weit. Doch es wirkt ein bisschen wie bei Hofe, wenn die Bauern und Bittsteller sich auf der Schwelle zu seinem Häuschen niederlassen und auf ihn, Mr. Karl, warten. Da zeigt ihm eine junge Bäuerin ihr erblindetes Auge. »Sag Bisrat, dem Ambulanzfahrer, er soll dich so bald wie möglich zum Augenarzt in Harar bringen«, sagt er. Die junge Frau küsst ihn dankbar auf die Wangen. Ein Schüler, der offensichtlich Kinderlähmung gehabt hat, kommt mühsam mit einer Krücke an und beklagt sich, dass er vier Stunden vom Nachbardorf zur Schule humpeln müsse, und vier zurück. Ob Mr. Karl ihm nicht die Unterbringung bei einer Gastfamilie direkt bei der Schule bezahlen könne? Eine schwarz gewandete Bäuerin fällt ihm heulend zu Füßen. Sie sei frisch verwitwet und habe drei kleine Kinder zu ernähren. »Melde dich beim Verwalter, ob er Arbeit für dich hat.« Da hat er sich seit 20 Jahren bemüht, das Nein-Sagen und das Delegieren an seine kompetenten *Menschen für Menschen*-Mitarbeiter zu lernen. Aber für die Bauern, die eigentlich gar nicht wissen, was ein westlicher Kinoheld ist, ist Mr. Karl eine Mischung aus Mildtäter, Motivator und Superman. Ihn wollen sie sehen, und keinen Stellvertreter.

»Früher im Theater, da habe ich die Leute drei Stunden unterhalten, hier in Afrika geht es den ganzen Tag«, sagt Karlheinz Böhm auf der Fahrt in die abgelegensten Dörfer. Die Rundhütten aus Lehm, Stein und Stroh sehen wie große Eierwärmer aus, auf alle Fälle sehr heimelig. Früher hat Böhm nur seine Hauiwas in den vier Dörfern des Erer-Tals betreut, aber Not gab es überall. Inzwischen erstreckt sich das

Erodierter Boden
in Merhabete.

Projektgebiet von *Menschen für Menschen* allein im Hararghe auf rund 500 Quadratkilometer und betrifft weit über 56 000 Menschen. Der Geländewagen kriecht den steilen zerklüfteten Abhang hoch. Hier oben, hoch über dem heißen Erer-Tal, ist die Luft frisch und der Blick grandios. Alles sieht aus wie zu Beginn der Schöpfung – oder wie am Ende der Welt. Kein Strom, keine Autos, Fernseher, Telefone, Zeitungen, Plastikpackungen oder Müll, nur Natur pur. »Es wirkt so romantisch, aber das Leben ist unvorstellbar hart, man lebt oder man stirbt, es gibt keinen Zustand dazwischen«, meint Böhm. Einzig *Menschen für Menschen* hat hier ein wenig Fortschritt an der Basis gebracht, hier einen sauberen Trinkwasser-Brunnen, dort die erste Schule oder ambulante Krankenstation und vor allem Aufklärung über AIDS, das noch in den entlegensten Ecken Afrikas wütet, denn das Virus kennt keine Grenzen.

Am liebsten sitzt Karlheinz Böhm selbst am Steuer des schweren Geländewagens, nur wegen seiner verletzten Schulter muss er sich heute chauffieren lassen. Er stöhnt bei jedem der trichtergroßen Schlaglöcher auf; Mekonnen, der äthiopische Fahrer, seufzt vor Mitleid mit dem Chef. Aber sobald der Geländewagen zum Stehen kommt, und das passiert an diesem Morgen so an die zwanzigmal, konzentriert sich der Schauspieler wie vor einem großen Auftritt und setzt seinen Gute-Laune-Blick auf. Denn nun stürzen von überall die kleinen Kinder auf ihn los, wollen ihn anfassen, drängen auf seinen Arm, zerren an seinen Khaki-Hosenbeinen. Da stoßen die jungen Mädchen mit den dekorativen Zöpfchen und Glasperlen im Haar die schrillen afrikanischen Freudenträller aus – es klingt wie beim Siegestor einer Frauenfußballmannschaft. Die Mütter kommen mit den Bernsteinketten um den Hals und den Babys auf dem Rücken gelaufen, um den Wohltäter, für Moslemfrauen ganz ungewöhnlich, zu umarmen, bis er stöhnt, weil die Schulter so grausam schmerzt. Aber da ist schon ein Tambourin gefunden. Und schon muss er mit zwei Dutzend Frauen im Kreis tanzen, die »unser Karl, unser Karl« singen und rhythmisch mit den Füßen stampfen, bis der Dorfälteste ihn schließlich befreit. Dann wird er mit den Bauern dichtgedrängt auf dem Lehmboden irgendeiner Hütte sitzen, wo nur eine Ölfunzel Licht bringt, und eine echte Kaffeezeremonie mit Weihrauchduft genießen – und sich nur unauffällig die Flohstiche kratzen. »Solche Freude und solche spontanen Gefühlsausbrüche findet man bei

Herzlicher Empfang für Karlheinz Böhm von Kindern des MfM-Waisenhauses Abdi Bori auf dem Flugplatz von Gore/Illubabor.

uns in Europa nicht«, sagt er ergriffen. »Wie steif und zurückgenommen sind wir geworden!«

»Fass diese Leute bloß nie an. Du holst dir nur Krankheiten«, hatten ihn deutsche Freunde immer wieder gewarnt, aber er braucht seine täglichen Streicheleinheiten. »Standing Ovations habe ich oft genug auf der Bühne erlebt und genossen, aber hier ist alles viel direkter, viel greifbarer.« Die Krankheiten sind es auch. Wie fast alle Bauern hat Böhm schon Malaria, Amöbenruhr, Scharlach und Fieber jeglicher Art gehabt. »Einmal wurde ich von einer schwarzen Viper gebissen. Absolut tödlich. Meine Frau Almaz fing schon an, zu weinen und für mich zu beten, auch ich glaubte, mein letztes Stündlein sei gekommen. Ich legte mich hin und wartete... und wartete...« Karlheinz Böhm ist ein guter Erzähler. Und? »Gar nichts und!« Die Schlange habe wohl kurz vorher einem anderen Opfer ihr Gift gespritzt. »Komisch«, meint Böhm, als wir im Geländewagen weiter durch die Landschaft rumpeln, »eigentlich bin ich ein geborener Hypochonder, aber die Furcht vor Seuchen und Ungeziefer verliert sich hier schnell.«

Er kümmert sich, nach 20 Jahren, immer noch um alles, um die Aspirin- und Malariatabletten in der Krankenstation, um Bücher und Hefte in der Schule, um Baumschulen und Erosionsbekämpfung, und er ärgert sich über jede achtlos weggeworfene Mülltüte hinter den Verwalterba-

Zum Empfang
in der Schule von
Darimu/Illubabor.

racken. »Ihr solltet als Angestellte doch Vorbild für die Bauern hier sein«, schimpft er die Verantwortlichen aus. Eigentlich wäre das alles Sache der äthiopischen Regierung, aber die ist bekanntlich weit weg. »Was kann man von einem armen Land erwarten, das Almosenempfänger der reichen Länder ist und einen Staatsetat von der Größe eines mittleren deutschen Unternehmens hat«, sagt er. »Raten Sie mal, wie hoch z.B. die staatlichen Pro-Kopf-Ausgaben für Gesundheit sind«, sagt er. »40 Pfennig pro Person im Jahr. Dafür gibt es gerade mal zwei Aspirin.« – In Deutschland sind es 6 295 Mark pro Einwohner.

Wir besuchen die kleine Krankenstation des Erer-Tals, wo die ambulanten Patienten in langen Reihen draußen auf dem Bänkchen sitzen und warten. Immerhin macht die Acht-Betten-Station für äthiopische Verhältnisse einen leidlich guten Eindruck. Die Kranken, die an Malaria, TBC, AIDS leiden, liegen in sauberem Bettzeug. Böhm setzt sich zu den Schwerkranken ans Bett, fragt nach ihren Sorgen, nimmt sie bei der Hand. Er inspiziert die Medikamentenausgabe, die gähnend leer ist. »Wir brauchen dringend Antibiotika gegen die vielen Infektionen«, klagt ein Pfleger. Böhm schaut ins Bad und dreht zufällig am Hahn. Kein Wasser. Kein Wasser? Der Mann im weißen Kittel zuckt nur mit den Achseln. Das kostbare Nass für die Pflege der Kranken und für die

40

Geburtshilfe gibt es nur alle vier oder fünf Tage. Kein Geld für den Diesel, um es hochzupumpen. Gerade als wir in den Kreißsaal gucken, hält uns die Hebamme ein noch schrumpeliges, verschmiertes Neugeborenes entgegen. Wasser zum Babybaden? Die Hebamme schüttelt nur den Kopf. Das seien wohl die sehr europäischen Hygiene-Vorstellungen der Reporterin, soll das heißen.

Später wird Karlheinz Böhm sich mit dem Personal der Krankenstation zusammensetzen und diskutieren, wie *Menschen für Menschen* den Gesundheitsposten im Busch mit einer Spende von rund 100 000 Birr (etwa 30 000 Mark) wieder auf Trab bringen kann. »Es ist ein weiter Weg«, murmelt er. »Wir in Europa haben auch ein paar hundert Jahre gebraucht, um so etwas wie Zähneputzen und Hygiene zu begreifen.«

Böhm geht immer wieder gern in die Schule – besonders in diejenigen, die er selbst hat bauen lassen. Es sind über 60 – in allen Projekten. Äthiopiens Bevölkerung besteht zu über 50 Prozent aus Analphabeten. Ohne Bildung und Ausbildung der jungen Generation wird das 60-Millionen-Einwohner-Land der absolute Verlierer auf dem Weltmarkt bleiben. Vielleicht sind afrikanische Kinder einfach braver als ihre europäischen Schulkameraden, ihre Lehrer autoritärer. Oder vielleicht spüren sie, die sich zu 50, 60, manchmal gar zu 100 Schülern in einer Klasse drängen, instinktiv, dass sie nur diese eine Chance im Leben haben. Als ich als

Spiegel-Reporterin vor 17 Jahren die Erer-Schule zum ersten Mal besuchte, machten die Lehrer von ihren knotigen Zeigestöcken nicht nur an der Tafel Gebrauch. Die Schüler auf Kopf oder Finger zu hauen, war so alltäglich wie Hausaufgaben. Der heutige Direktor der Grundschule, gibt sich viel lockerer als seine Vorgänger und trägt zum Zeichen seiner Weltoffenheit eine amerikanische Baseballkappe. »Allerdings, als ich vor einem halben Jahr die Erer-Schule besuchte, stank es zum Himmel, und alles war ganz verwahrlost«, erklärt *Menschen für Menschen*-Manager Berhanu. »Ich sagte den Lehrern, dass ich mich als Äthiopier für sie schäme.«

Diesmal finden wir alles aufgeräumt und sauber vor. Klassenzimmer und Gänge sind frisch geweißt. Und weil Schulbücher oder gar Atlanten knapp und viel zu teuer für jedes Kind wären, haben die Lehrer das Wichtigste des Curriculums, wie den Querschnitt einer Blüte, eine Biene, das menschliche Skelett oder die Landkarte Afrikas, großflächig an die Wände gemalt. Karlheinz Böhm bleibt schmunzelnd vor einem etwas groben Querschnitt des menschlichen Herzens stehen. »Woher wisst ihr, wie mein Innenleben aussieht?«, fragt der Träger eines Herzschrittmachers seine Zuhörer.

Die 8. Klasse hat ein kleines Theaterstück für Mr. Karl vorbereitet. Ein harmloser Schwank? Weit gefehlt. Es geht um eines der größten Tabus Afrikas, die Frauenbeschneidung. Dabei werden sechs- bis neunjährigen Mädchen ohne Betäubung und Sterilisation Klitoris und Schamlippen amputiert und die Wunde mit Akaziendornen zugenäht. Die grauenvolle Verstümmelung im Kindesalter, die den Frauen ihr Leben lang die Lust an der Liebe nimmt und zu schwersten Infektionen und Deformationen führt, wird noch immer an Millionen von Mädchen in Ost- und Westafrika vollzogen, obwohl diese Tradition weder im Koran noch in der Bibel gefordert wird. Es bedurfte wohl der Autorität und des Charismas eines Karlheinz Böhm, dass er, der *Ferenghi*, der Ausländer, dieses delikate Thema nicht in irgendwelchen fernen Frauenzirkeln Europas, sondern hier, im Epizentrum der Dritten Welt, öffentlich machen und eine große, erfolgreiche Anti-Beschneidungskampagne lostreten konnte – sogar mit Hilfe der klerikalen Autoritäten, den islamischen Sheiks wie den christlichen Geistlichen. Zumindest in den 40 000 Quadratkilometer weiten *Menschen für Menschen*-Projektgebieten soll seither kein Mädchen mehr die grausame Prozedur durchlitten haben.

Ist sein Engagement durch Almaz, seine äthiopische Frau, angeregt worden? »Nein«, sagt er ein wenig gekränkt, »das war meine männliche Wenigkeit.« Schließlich sei er ein überzeugter Feminist.

Auch ohne Berhanus feinfühlende Übersetzung versteht man an den lebhaften Gesten der Schüler auf der Bühne, dass da ein junger Mann sich weigert, seine Angebetete zu heiraten und sie beschimpft und verspottet, weil sie unbeschnitten sei. Doch dann tritt der Doktor auf und erklärt theatralisch, wie gesundheitsgefährdend und lustfeindlich die jahrtausendealte Tradition sei. Es folgt ein für Äthiopien revolutionäres Happy End und alle singen: »Keine Beschneidung mehr«. Diesmal ist es am ehemaligen Starschauspieler Böhm, den jungen Darstellern für ihr engagiertes Stück Standing Ovations zu geben.

Und dann macht der große Motivator das, was er am besten kann: zu den Menschen reden. Er sei glücklich, dass so viele ältere Jungen die Schulbank drückten, aber traurig, dass kaum Mädchen die oberen Klassen besuchten, offenbar, weil sie der Mutter daheim helfen müssten oder mit 14 oder 15 längst verheiratet seien. Die Unterdrückung der Frau sei das größte Entwicklungshemmnis Äthiopiens, mahnt er. Dann kommt die Frage, die im Äthiopien des Jahres 2001 fast wie die hochnotpeinliche Inquisition im Mittelalter wirkt: Welches Mädchen hat es geschafft, unbeschnitten zu sein? Alle halten den Atem an. Niemand rührt sich,

Begrüßung durch
die Dorfältesten in
Kamina Wuatu/Illubabor.

Begrüßung durch
die Dorfältesten in
Kamina Wuatu/Illubabor.

bis ganz zaghaft zwei, drei Neunjährige ihre Finger heben und dabei gleichzeitig vor Scham beinahe unter die Bank kriechen. »Diese mutigen Mädchen sollten eure Heldinnen sein«, ruft er aus. »Überlegt euch in eurem Leben bei jeder Tradition, ob sie heute noch sinnvoll ist oder abgeschafft gehört.« Zum Abschluss kreuzt er seinen Arm mit dem schwarzen, sehnigen Unterarm eines Schülers, als wolle er auf Blutsbrüderschaft trinken. »Welche Farbe hat deine Haut?«, fragt der Böhm. »Schwarz«, sagt der Junge. Und seiner, Böhms eigener Arm? »Weiß«, kommt die Antwort geschossen. »Und welche Farbe hat unser beider Blut?« Der Schüler stutzt. »Rot«, rufen die anderen begeistert im Chor. »Vergesst nie, dass wir zwar verschiedene Hautfarben, aber alle das gleiche rote Blut in unseren Adern haben«, ruft er aus. Der stürmische Beifall der Schüler klingt uns noch lange nach.

Am Nachmittag macht Karlheinz Böhm einen sehr persönlichen Spaziergang – zum ehemaligen Kuhstall der Erer-Farm. Damals, während des sozialistischen Mengistu-Regimes, als die Landwirtschaft im Erer-

»Dafür lohnt es sich zu leben«, sagt Karlheinz Böhm, während ihm Bauern aus Sedo/Illubabor frisch geerntetes Gemüse schenken. MfM hat diese Bauern im Landbau geschult, damit sie ihre Ernteerträge steigern und verkaufen können.

Tal noch als Kooperative organisiert war, gab es sogar einen Holsteiner Zuchtbullen. In jenem Mai 1987 war Böhm gerade wieder aus Europa zurückgekehrt: solo, denn irgendwann hatte seine damalige Lebensgefährtin Eva Hess nach vielen gemeinsamen Aufenthalten im Erer-Tal gesagt: »Ich kann diese Armut nicht mehr ertragen« und ihre Koffer gepackt.

Mit fast 60 hatte Karlheinz Böhm ein bewegtes Liebesleben und drei gescheiterte Ehen, aus denen fünf Kinder hervorgegangen sind, hinter sich. »Eigentlich hatte ich die Hoffnung aufgegeben, den Menschen zu finden, mit dem ich alles, besonders mein Engagement für Afrika teilen konnte«, sagt er auf dem kleinen Trampelpfad durch die Kakteen. Und dann sah er plötzlich diese junge, schwarze Frau in Jeans über die Farm laufen. Das sei Almaz Teshome, die neue Rinderzucht-Expertin, frisch von der Landwirtschaftlichen Universität gekommen, sagte ihm der Verwalter. Wie die sich wohl als Frau unter den sturen Siedlern durchsetzen wolle, fragte Böhm skeptisch. Doch dann kam die »energiegeladene junge Dame« eines Morgens angelaufen: »Mr. Karl, Sie müssen sich unbedingt die frisch geborenen Zwillingskälbchen anschauen.« Schon im Kuhstall hatte der Chef weniger Augen für die Kälbchen als für die junge Mitarbeiterin. Als sie den Stall, der später von den Rebellen niedergebrannt wurde und heute nur noch eine Ruine ist, verließen, ging das ungleiche Paar schon Hand in Hand.

»Anfangs hatte ich Riesenängste«, gesteht er. »Ich bin sehr behutsam an diese Beziehung herangegangen.« Doch die 23-jährige Almaz sagte damals, was das Paar auch heute noch vertritt: dass Liebe nicht von der Hautfarbe, von Alter oder von der Kultur abhänge, sondern vom Respekt und gegenseitigem Einfühlungsvermögen. »Ich staune noch immer, wie diese wunderbare Frau es geschafft hat, sich so in Deutschland und Österreich zu integrieren und dabei Afrikanerin zu bleiben. Stellen Sie sich vor, sie ist daheim in Salzburg Mitglied des ältesten Trachtenvereins.« Seitdem er mit Almaz verheiratet ist, und das heißt, seitdem er eine etwa vierzigköpfige Großfamilie in Addis Abeba und hier im Hararghe sein Eigen nennt, hat er ein noch intensiveres Verhältnis zu Äthiopien entwickelt. Wenn er bei der Arbeit zu rührselig wird und zuviel geben will, dann bleibt Almaz, die die Gerissenheit ihrer Landsleute kennt, oft hart. »Auch bei der Kindererziehung mit Niki, 11, und Aida, 8, ist sie die Strengere und ich der Nachgiebige«, sagt er. Und wenn er eines Tages nicht mehr weitermachen kann, dann wird die 36 Jahre jüngere Almaz übernehmen. Der Name bedeutet nämlich »Diamant«. Der ist unvergänglich.

Am Abend trinken wir ein Bier unter dem Dach der offenen Rundhütte auf der Terrasse. Die Sonne sinkt schnell, die Mücken starten ihre Abendoffensive auf Knöchel und jeden Quadratzentimeter nackte Haut. Bald wird es stockfinster sein. Dann werden die Hyänen mit ihrem keckernden Lachen das Tal durchstreifen, vielleicht wird ein Löwe in der Ferne brüllen und emsige Affen- oder Marderpfoten werden über die Blechdächer scharren und kratzen. Aber dann wird Abdi Ali, der grauhaarige Bauer, der einmal ein verhungerter Nomade war, kommen und sich, wie jede Nacht, auf die Schwelle des Böhmschen Häuschens legen und aufpassen, dass niemand, aber auch wirklich niemand seinem Mr. Karl zu nahe tritt.

Sie machen sich so ihre Gedanken um ihn. »Ich würde Karl gerne ein paar Jährchen abnehmen und sie selber schultern«, sagt Abdi Ali. Auf einer der jüngsten Bauernversammlungen schlug dann auch einer der

Dorfältesten ernsthaft vor: »Karl, du kommst doch jetzt auch in die Jahre. Wie wäre es, wenn wir Bauern alle pro Monat ein paar Pfennige für dich sammeln würden, dann könntest du dich hier im Tal zur Ruhe setzen und müsstest nicht mehr so hart für uns arbeiten.« Böhm erzählt dies gerührt und amüsiert zugleich. Aber noch wolle er etwas bewegen, noch sei es ihm zu früh mit dem Ruhestand.

Morgen werden wir ins Dakata-Tal in Richtung Somalia fahren, wo *Menschen für Menschen* Getreiderationen an Zigtausende von hungernden Nomaden liefert, die nicht so gut über die Dürre gekommen sind wie die sesshaft gewordenen Brüder im Erer-Tal. Sie haben Mr. Karl, dem Vorsitzenden von *Menschen für Menschen*, einen handgeschriebenen Bittbrief zukommen lassen, ob sie nicht auch solche Schulen, Wasserstellen und Kliniken bekommen könnten. Schon vor 17 Jahren hatte er ein Projekt im Dakata-Tal geplant. Damals hatte die Militärregierung abgelehnt, weil das Grenzgebiet zum ehemaligen Feindesland zu unsicher sei. Doch jetzt ist Böhm so begeistert, dass er für einen Moment seine schmerzende Schulter völlig vergisst:

»Berhanu«, sagt er, »ich glaube, wir haben noch viel vor!«

Teil I
Die Menschen dort

Hilfe zur Selbsthilfe –
Was die Betroffenen bewegt

1. Kapitel

Grüne Hoffnung zwischen schwarzen Steinen

Basis-Projekte in Merhabete

Zweieinhalb Autostunden sind wir von der Hauptstadt Addis Abeba entfernt – oder vielleicht auch zweieinhalb Jahrtausende? Addis Abeba, die »Neue Blume«, ist eine leidlich moderne und dabei bettelarme Metropole der sogenannten dritten Welt. Verlässt man die äthiopische Hauptstadt über die 2100 Meter hohe Pass-Straße nach Norden, nimmt der Autoverkehr schlagartig ab. Eselkarawanen und barfüßige Frauen und Mädchen, die auf dem gebeugten Rücken schwere Brennholzbündel zu Markte tragen, bevölkern die Straße, die nach etwa einer Stunde Fahrt in eine Staubpiste übergeht. Biblische Gestalten stehen am Wegrand, hüten Herden oder ernten mit der Sichel ihr winziges Getreidefeld.

Plötzlich öffnet sich die Landschaft in urgeschichtlichen Dimensionen: eine tiefe Schlucht, die es in ihrer atemberaubenden Schönheit leicht mit dem Grand Canyon in Amerika aufnehmen kann, tut sich zu unseren Füßen auf. Gute 1400 Meter stürzen das Hochplateau und umliegende Tafelberge schroff ab in ein menschenleeres Tal. Mittendrin der Dschemma, ein Zufluss des Blauen Nils, der in dieser Jahreszeit wenig Wasser führt. Gigantische Felsabbrüche lassen die Menschen besonders klein und verletzlich erscheinen. Die zwei Steppenadler, die wie ein Paar ineinander verliebter Eistänzer über dem Abgrund kreisen, verleihen der kargen Szenerie etwas Feierliches.

Schon einmal, während der Großen Hungersnot vor 17 Jahren, die fast eine Million Menschenleben forderte, bin ich für eine traurige Reportage über diese bedrohliche Landschaft geflogen: in einer kleinen Propellermaschine des Internationalen Roten Kreuzes, die Ärzte und Helfer, Medikamente und medizinisches Gerät in die Dürregebiete von Wollo und Tigre transportierte. Wir flogen so niedrig, dass man jede Dornenhecke und jeden Felsbrocken von oben erkennen konnte. Die Hütten und die Dreschplätze, vom Himmel her als kreisrunde Scheiben auszumachen, lagen verlassen da, der Boden, der vor drei oder vier Generationen einmal bewaldet gewesen sein soll, sah öde und sonnenverbrannt aus, und die Tafelberge, einstmals mit fruchtbarem Humus bedeckt, waren kahl und bloß wie Totenschädel. Das ist die große Erosion, die Grund- und Bodenfresserin, die Landvernichterin. Wie würden es die Überlebenden der Dürre schaffen, hier jemals wieder einen Halm zu ernten?

Vor neun Jahren begleitete ich Karlheinz Böhm auf derselben Strecke im Geländewagen, um Merhabete, seine neueste Projektregion, zu besuchen. Damals schon stand der zerschossene russische Panzer, den wir gerade passieren, mahnend am Wegrand, denn hier war die Front im äthiopischen Bürgerkrieg gegen die Befreiungskämpfer von Tigre und Eritrea, den Siegern von 1991, verlaufen. Kaum ein westlicher Ausländer hatte zur Zeit des Mengistu-Regimes diese zerklüfteten, kriegsgeschädigten Gebiete, wo die Kanonen donnerten, bereisen dürfen. Die Bevölkerung galt als stolz und störrisch, schließlich kannten sie ja nur die Jahrhunderte alte feudalistische Ausbeutung wie selbst noch zu Kaiser Haile Selassies Zeiten (der Negus regierte von 1930 bis 1974) oder als »Alternative« den Bürgerkrieg und Terror während des Mengistu-Regimes. Der Schweizer Geologie-Professor Hans Hurni war nach dem Sturz des roten Diktators Mengistu 1991 als erster Europäer monatelang mit dem Rucksack durch die Gegend gestreift und hatte Karlheinz Böhm für die Idee begeistert, ein integriertes, also umfassendes landwirtschaftliches Öko-Projekt im verwüsteten Merhabete zu wagen. Kein aufgepfropftes fertiges Konzept, sondern Entwicklung an der Basis. Als wir im Juni 1992 im Geländewagen den Steilhang herunterfuhren, bei 38 Grad im Schatten das öde schwarze Geröll im Flussbett des Dschemma durchquerten, um auf der anderen Seite den zerklüfteten Hang bis auf 2400 Meter Höhe in den armseligen Ort Alem Katema hinaufzukurven, da war ich mehr als skeptisch. Außer einer kleinen Baumschule und dem Büro-Container des *Menschen für Menschen*-Mitarbeiters war nicht viel zu sehen. Viel Steine gab es und wenig Brot – der alte Spruch ging mir nicht aus dem Kopf.

Und nun, im Oktober 2000 stehe ich mit Berhanu Negussie, Böhms ältestem und vertrautestem Mitarbeiter, auf demselben einsamen Ausguck hoch über dem Dschemma und genieße den gigantischen Blick ins Tal. Karlheinz Böhm ist nicht dabei, er muss seine gebrochene Schulter

in Salzburg auskurieren. »Na?«, sagt Berhanu, der das Erer-Tal aufgebaut hat und heute das Merhabete-Projekt leitet, und guckt mich gespannt an. Ich schaue auf dieselbe Steinwüste, deren Kargheit ihr Reichtum war – aber nun ist da plötzlich ein breites grünes Band am graublauen Nil-Zufluss. Und auf dem Hochplateau gegenüber sind eine Menge grüner Flecken zu erkennen. Dort haben die Bauern ihre Felder frisch bestellt. Blühende Landschaften zwischen nacktem Fels.

»Da unten am Dschemma siehst du unser großes Bewässerungsprojekt«, sagt Berhanu stolz, »von ihren winzigen Feldern oben auf den Tafelbergen können die Bauern nicht mehr leben. Nur am Fluss gibt es Neuland, deshalb haben sie selber den sieben Kilometer langen Kanal gegraben und sich damit 300 Hektar neues Land erschlossen. *Menschen für Menschen* hat nur bei der Logistik geholfen und Lastwagen für die

In der Baumschule von Alem Katema/Merhabete.

53

Erdbewegung gestellt. Sonst nichts.« Wir kurven im Schritttempo 1000 Meter den steilen Abstieg ins Tal hinunter – an der ersten kleinen Orthodoxen Rundkirche, die dankbare Reisende gespendet haben, hält auch Tilahun, unser Fahrer, an, kniet nieder und betet um eine glückliche Fahrt; in den Serpentinen seien schon viele Lastwagen und Busse in den Tod gestürzt, sagt er. Unten im Tal ist es heiß. Wir überqueren die Pionier-Brücke, die *Menschen für Menschen* gebaut hat, und schaukeln auf einer Huppel-Piste, durch die bewässerten Felder längs des Dschemma. Mais und andere Getreide stehen mannshoch und kräftig. »Das ist bereits die dritte Ernte«, erklärt Berhanu stolz. Übrigens habe das Projekt schon Modellcharakter. Vor kurzem seien völlig überraschend zwei Regierungspräsidenten aus der Nachbarprovinz Wollo am Dschemma aufgetaucht, die das erfolgreiche Projekt in ihren erosionsgeschädigten Regionen »kopieren« wollen.

Es dämmert bereits, als wir auf einer großen Uferbank auf 300 bis 400 Bauern treffen, die hier den halben Tag auf Mr. Karl gewartet haben, um mit ihm zu feiern und sich zu bedanken. Junge Männer, fast alle sind barfuß, tragen kurze grüne Shorts und einen grünen Wollschal, den sie sich tagsüber als Turban um den Kopf wickeln und nachts, wenn es kühl wird, zum Zudecken verwenden. Als Berhanu ihnen erklärt, dass ihr Mr. Karl überraschend nach Europa fliegen musste und nun an der Schulter operiert wird, macht ein enttäuschtes Raunen die Runde. Doch gastfrei bieten uns die Männer frisch gesammelten, goldgelb aus der Wabe tropfenden Honig und Tala, eine Art Bier, an. Dann schultern sie ihre mittelalterlichen Geräte, Hacken und Grabstöcke und treten in langer Kolonne den steilen Aufstieg zu ihren Dörfern hoch oben an. Denn nur, wer oberhalb von 1800 Metern auf dem Hochplateau siedelt, ist einigermaßen gegen die Stiche der Anopheles, der todbringenden Malaria-Mücke, gefeit. Jeden Tag zwei Stunden Abstieg in der Morgendämmerung, drei Stunden Aufstieg nach des Tages Feldarbeit – ob das nicht fürchterlich anstrengend sei? Die jungen Bauern lachen nur und traben leichtfüßig davon wie Marathon-Olympiasieger Gebreselassie, von dessen Siegen in der Welt des internationalen Sports sie hier noch nie etwas gehört haben. Denn in Merhabete gehen die Uhren anders, hier wird die Zeit nach Sonnenauf- und -untergang berechnet, hier trägt niemand eine Armbanduhr, es gibt keine Handys, keine Fernseher, keine Radios, kaum Autos, Motoren oder gar Motorräder. Und Strom erst, seit *Menschen für Menschen* kam.

»Und vergiss nicht, bei meinem Freund Seleke vorbeizuschauen«, hatte Karlheinz Böhm mir aufgetragen. Die Hütte des gastfreundlichen Bauern liegt auf etwa 1800 Metern an der Staubpiste, kurz vor dem Lehm-

Seleke und
seine Familie.

hütten-Städtchen Alem Katema, und Mr. Karl fährt selten vorbei, ohne eine Tasse frisch gebrauten Kaffees in Selekes Hütte zu nehmen. Dann reden die beiden nicht nur über Ernte, Gemüse und Naturdünger, sondern auch über die auf dem Lande üblichen Kinderehen und die Frauenbeschneidung sowie über die sonderbaren Ambitionen der Seleke-Töchter, die unbedingt die Schule beenden möchten. Obwohl Böhm staatlich-bürokratischer Entwicklungshilfe skeptisch gegenüber steht, hat er im Januar 1996 den deutschen Minister für wirtschaftliche Zusammenarbeit Carl-Dieter Spranger mit zu Seleke genommen. Beim Gespräch in der Hütte fragte der CSU-Politiker den Äthiopier, was er denn am dringendsten benötige. »Einen Zugochsen«, sagte Seleke. »Dann schenke ich Ihnen einen«, beschloss der Minister. Heute grast »Spranger«, wie der dankbare Mann das brave Rindvieh taufte, zufrieden hinter der Hütte.

Karlheinz Böhm ist immer radikal seinen eigenen Weg gegangen. In den letzten Jahren sind die Gegensätze zwischen staatlicher Entwicklungshilfe und den NGOs *(non governmental organisations)*, wie die privaten Hilfsorganisationen im UNO-Jargon heißen, deutlich kleiner geworden. Man akzeptiert sich mehr. Es gab sogar einen Zuschuss des deutschen Ministeriums zu einem Kreditprogramm für Frauen. Dreinreden lässt sich Böhm deshalb noch lange nicht. Er und seine Mitarbeiter

Kindergarten in
Yessa/Merhabete.

machen eben keine langjährigen technischen Vorstudien, sondern gehen
den Betroffenen mit offenen Armen und Ohren und guten Ideen entgegen und stellen dann die Werkzeuge und technisches Know-how bereit.
Die harte Handarbeit müssen die Leute selber erledigen. Hilfe zur
Selbsthilfe, unter Wahrung der eigenen Kultur. Getreu dem Motto: Gib
dem Armen einen Fisch, und er wird einmal richtig satt. Gib ihm eine
Angel und lehre ihn fischen, dann wird er nie mehr hungrig sein.

Fünf Tage habe ich, von Berhanu und seinen äthiopischen Mitarbeitern fachkundig geführt, Gelegenheit, den Wandel dieser einst verlasse-
nen Region auf den Tafelbergen mit eigenen Augen zu sehen. Es ist das
seltsam anrührende Gefühl einer Zeitreise, historisch weit zurück und
emotional doch immer wieder so nah. Sieht die Schmiede, in der Kin-
derarbeiter mit dem Blasebalg aus Ziegenfell das offene Feuer schüren,
nicht aus wie bei uns im Mittelalter? Erinnern die Tücher, mit denen die
Frauen ihr Haupt bedecken, nicht an biblische Szenen? Und gleicht der
einfache Holzpflug mit der Metallschar, der im Übrigen viel umwelt-
freundlicher als jeder Traktor ist, nicht haargenau den Werkzeugen der
Bronzezeit im Geschichtsbuch meiner Tochter? »Die Bauern sind arm,
aber stolz«, sagt Berhanu. Als Ostäthiopier ist er eigentlich eher die läs-
sige, manchmal schlitzohrige Nomadenmentalität gewohnt. »Einmal

fragte ich einen Mann, ob er eine unserer Äxte geschenkt haben wolle«, erzählt Berhanu. »Sehe ich aus wie ein Bettler«, herrschte der Bauer ihn an, »ich kann ehrlich dafür arbeiten, wenn ich etwas von dir brauche!«

Das facettenreiche *Menschen für Menschen*-Projekt Merhabete besteht aus Brunnenbau, Schulen, Kindergärten, Krankenstationen und einem großen Hospital für ein Einzugsgebiet von 400 000 Leuten, das in Bau ist; aus einer Töpferei, Weberei, Strickwerkstatt und einem großen erfolgreichen Kreditprogramm für alleinstehende Frauen (siehe 3. Kapitel »Drei starke Frauen berichten über das Wunder von Kleinkrediten«). Wichtige Ziele sind die Verbesserung der Landwirtschaft, Boden-Rückgewinnung und immer wieder Aufforstung, das Ganze auf ökologischer Basis, ohne die oft verhängnisvollen Dünger- und Pestizid-Importe anderer Dritte-Welt-Länder, zumal sich Äthiopien die gar nicht leisten könnte.

Ein besonderes Schmuckstück ist das Agrar-Schulungszentrum in Alem Katema, der bescheidenen 10 000-Einwohner-Hauptstadt von Merhabete. Gerade als wir kommen, weist der Schulleiter, der wie ein englischer Armeekorporal aussieht und auch so brüllt, eine Gruppe junger Bauern in ihren 14-tägigen Kurs ein. Als erstes müssen die jungen Männer Hemd, Hose und Turban in einen großen Kessel geben, wo eine di-

Yessa-Kindergarten.

58

cke Mami die verflohte Kleidung auskocht, eine Szene wie aus »Vom Winde verweht«. Dann stellen sich die jungen Burschen unter großem Gelächter der Umstehenden unter die metallenen Dinger, die sie noch nie gesehen haben: Duschen. In einem Land, in dem jeder Schluck Wasser vom Brunnen heimgetragen werden muss, sind Duschen ein unsagbarer Luxus. Und als der Ausbilder die Stehklos erklärt, können sie sich nicht mehr halten vor Lachen.

Bauern werden in Landbau unterrichtet; Alem Katema/Merhabete.

»Wir leben hier eben wie vor 1000 Jahren«, sagt Berhanu offen, »aber weißt du, was den Bauern im Trainingszentrum am besten gefällt? Matratzen. Nach dem Kurs mögen sie nicht mehr auf dem harten Hüttenboden schlafen, sondern kaufen sich und ihren Familien das erste Mal im Leben eine weiche Unterlage.« Doch natürlich ist Hygiene nur ein angenehmer Nebeneffekt für die Bauern, es geht in erster Linie um Landwirtschaft. Denn in Äthiopien, wo noch 87 Prozent der Bevölkerung Bauern sind (in Deutschland liegt ihr Anteil unter drei Prozent), hängt Leben oder Sterben oft von einer einzigen guten Ernte ab.

Deshalb lernen die Bauern, die niemals eine Schule besucht haben, wie sie Neigungswinkel leicht berechnen können und dass sie Steilhänge wie Rebbauern terrassieren müssen, um der weiteren Erosion, dem Ausschwemmen von Millionen Tonnen guter Erde, Einhalt zu gebieten. Und dass ein unscheinbares Gras namens Hypernia etwa, an den Terrassenkanten gepflanzt, mit seinen filigranen Wurzeln den Humus festhält. Im Garten der Ausbildungsstätte lernen sie eine ganze Reihe tropischer Früchte, Papayas, Avocados, Guaven, sowie vitaminreicher Gemüse kennen. Das sind ihre zukünftigen *cash crops*, Geldbringer auf dem Markt, oder Varianten ihrer sonst einseitigen Ernährung: immer wieder Indscherra, Sauerfladen mit Ziegenfleisch und scharfer Sauce.

Sie lernen, dass Eukalyptusbäume zwar schnell wachsen, aber den Boden auslaugen, und dass Akazien fast überall gedeihen. Sie sehen im Versuchsstall, dass eine einzige, gutgenährte Kuh im Stall mehr Milch

gibt und damit mehr einbringt als eine Herde magerer Rindviecher, die obendrein noch die karge Vegetation überweiden, d.h. zerstören.

Das Schönste ist der lang anhaltende, weithin sichtbare Erfolg. »Schaut es euch an«, sagt Yilma, einer der erfahrensten Agro-Ökologen von *Menschen für Menschen*, »vor ein paar Jahren war der Hang da drüben total verkarstet, Ödland, schlechtes Land.« Inzwischen haben

die Bauern ordentliche Terrassen angelegt, wo es jetzt, kurz nach der Regenzeit, grünt und blüht. Sie haben ihr Vieh und vor allem die Ziegen, die Ober-Umweltkiller, wie Yilma sie nennt, von den Feldern verbannt und endlich einen Teil des schroffen Hanges als Schutzwald angelegt. In der Nachbargemeinde Fetra machen wir einen Spaziergang durch ein Wäldchen, das vor nicht allzu langer Zeit ein Gully, eine rei-

Waschende Frauen und Kinder an der Atero-Wasserstelle von MfM im Erer-Tal.

ßende Schlucht war. Es zeigt sich, wie man kostbares Land zurückgewinnen kann. Dazu haben die Bauern das, was sie im Übermaß auf den Feldern haben, nämlich Wackersteine, in große Drahtkäfige gefüllt und in kurzen Abständen der Schlucht zu »Barrikaden« aufgeschichtet. So wird die Erde zur Regenzeit zurückgehalten und füllt den Canyon auf. So einfach ist das? Yilma zeigt auf das viele Grünzeug, Sukkulenten, Akazien und andere Baumarten, die sich in und um die Schlucht angesiedelt haben. »Den Rest macht die Natur alleine!«

Wir fahren nach Ramasht, ein Dorf, das bis vor kurzem auch für äthiopische Verhältnisse hinterm Mond zu liegen schien und das sich nun mit Hilfe von *Menschen für Menschen* zu einer vitalen Modellgemeinde entwickelt. Auf den Feldern blüht goldgelb der Nuk, eine Art Raps. »Gute Ernte«, sagt Berhanu anerkennend. Kleine Jungen bewachen die reifen Getreidefelder, zielen mit Steinschleudern auf räuberische Webervögel und schreien begeistert, als sie unsere Geländewagen sehen. Hier kommt nur alle sieben Tage mal ein Vehikel, meist ein altertümlicher Lastwagen, vorbei. Wir halten am Dorfbrunnen, wo die Frauen und Mädchen mit glänzend schwarzen Tonkrügen Wasser holen. »Früher war der Brunnen schmutzig, wir waren alle krank«, sagt eine junge Frau und schultert den vollen Krug. Jetzt ist der Platz um die

Handpumpe mit einer Dornenhecke eingefriedet, das Vieh hat eine separate Tränke. Alle paar Monate untersucht *Menschen für Menschen* das Wasser auf Bakterien. Und falls einer mal erkrankt: Neben den Rundhütten hat *Menschen für Menschen* eine ambulante Krankenstation gebaut. Der Stolz von Ramasht aber ist die neue Schule, die *Menschen für Menschen* gerade fertig gestellt hat. Gleich auf Zuwachs, für 500 Schüler, denn die Bevölkerung vermehrt sich schnell. 350 Kinder, die Mädchen in lila Kleidern, die Jungen in grünen Hosen, singen, klatschen und tanzen auf ihrem neuen Schulhof. Nebenan steht noch die alte Schule, die einem verlotterten Stall ähnelt, wo man durch die morschen Holzstäbe ins Freie schaut. Für deutsche Kinder ungewöhnlich – aber die Freude und Aufregung der äthiopischen Schüler ist grenzenlos, als sie ihrem alten Schulhaus ade sagen, ihre Hefte einpacken dürfen und in die nagelneuen Klassenzimmer ziehen. Was macht es ihnen schon aus, dass sie zu 50, 60 oder gar 75 in einer Klasse sitzen werden. Ihre Eltern, die draußen in Festtagsgewändern warten, sind überhaupt nicht zur Schule gegangen. Eigentlich sollten die Kinder wohl brav zu zweit antreten, aber dann laufen, drängeln, stürzen sie sich wie eine Rugby-Mannschaft auf ihre neuen Bänke. Selbst das einbeinige Mädchen aus der vierten Klasse eilt so schnell auf seiner Holzkrücke hinterher, als ob ihm für einen winzigen Augenblick seines behinderten Lebens Flügel gewachsen wären.

»Wir alle kennen und lieben Mr. Karl«, sagt der Dorfälteste in seiner rührend einfachen Ansprache. »Ich selber kann nicht lesen und schreiben und weiß auch nicht, wo auf der Welt dieser Staat namens ›Menschen für Menschen‹ liegen soll, aber es müssen wohl gute Leute sein, da sie uns soviel helfen!«

Fragt man Karlheinz Böhm, welches der vielen Mosaiksteinchen, die zusammen das große Hilfsprojekt Merhabete ergeben, er am meisten schätzt, sagt er spontan: »Die Stufen von Zoma.« Er hat es selbst erlebt, wie sich die Bauern auf dem isolierten Hochplateau von Zoma auf dem halsbrecherischen Steilpfad zum Markt von Alem Katema zu Tode stürzten. An die hundert Opfer, Kinder, Alte, Kranke, hatte das Dorf auf seiner Direttissima in die weite Welt (Alem Katema bedeutet tatsächlich Weite Welt), zu beklagen. Die einzige Alternative war ein Viehtrieb von sechs Stunden Umweg. »Könnten wir nicht einfach eine Treppe bauen?«, schlug Böhm auf einer Bauernversammlung vor. Eine Treppe?

Wie? Womit? fragten die Dorfältesten zurück. Und so kam es, wie so oft, zu einer glücklichen Paarung von Idee und Ausführung. Die Bauern verpflichteten sich, die gesamte Handarbeit zu übernehmen, *Menschen für Menschen* stellte die Gitter, Zement und das Know-how. »Bakah«, wie man hier sagt, »fertig«!

An einem frühen Samstagmorgen stehe ich am Fuße der Treppe, die wie eine Himmelsleiter 400 Meter den Fels hinaufreicht. Bergab laufen, traben, hasten mir Hunderte von Bauern mit ihren schweren Marktbündeln, Gemüse, Obst, lebenden Hühnern oder Bauholz entgegen. Heute ist Markt in Alem Katema, also der wichtigste Tag der Woche.

Hirten treiben Eselskarawanen und Vieh über die breiten Treppenstufen hinab. Als ich auf halber Strecke an der Quelle raste, kommt eine alte Frau mit einem kleinen Jungen auf mich zu. Sie umarmt mich und, ehe ich mich versehe, kniet ihr Enkel vor mir und will mir die schlammigen Wanderstiefel küssen. Verlegen hebe ich das Kind auf. »Eine uralte Geste des Dankes«, erklärt Berhanu, der hinter mir den Hang hinaufschnaubt, »die alte Frau hat einen Angehörigen auf dem Todespfad verloren, ohne die sicheren Stufen käme sie nie mehr vom Berg herunter.«

Oben auf dem Plateau erwartet uns würdevoll Ato Tambur. Der Dorfälteste trägt eine Art Bischofsstab mit geschwungenem Messinggriff. Mit seinen 78 Jahren ist er für äthiopische Verhältnisse schon ein Methusalem, aber mit kräftiger Stimme singt er ein Lied, das er selbst gedichtet hat. Ich verstehe nur die Worte »Karrrl«, »Berhanu«, »Yilma« und »Mensch n Mensch n«. Berhanu lacht laut auf über das nette Dankeslied. »Ist die Luft von Zoma nicht wie Champagner«, sagt er zufrieden lächelnd und setzt sich mit dem Alten ins Gras.

Butter schlagen für die Kameras –
Alles Öko
Der Fernsehauftritt des Musterbauers
Gesete

Der Hauptdarsteller kommt langsam dahergehumpelt. Barfuß. Nein, es ist nicht Karlheinz Böhm, sondern der »Musterbauer« Gesete aus Rachet Wuha, einem Rundhütten-Dorf oberhalb Alem Katemas. Gestern hat er sich beim Pflügen mit den Ochsen die spitze Pflugschar in den Fuß gerammt. Aber trotz der Verletzung empfängt er das österreichische Filmteam, das für das 20-jährige Jubiläum von *Menschen für Menschen* dreht, in aller Gastfreundschaft. Es wird ein 45-Minuten-Film für das ZDF gedreht. Gerade so lang, wie Gesetes Frau Kamar täglich braucht, um aus der frischen Milch Butter zu schlagen.

»Du musst dich da hinstellen, in das schwarze Ding gucken und sagen, was *Menschen für Menschen* für dich getan hat«, erklärt Yilma, der Agrar-Experte, umständlich auf amharisch. »Ich weiß selbst, was

Modellbauer Gesete.
(Foto: MfM)

ich über euch zu sagen habe«, gibt Gesete zurück. Dann stellt sich der 45-jährige Bauer selbstbewusst an den Rand der Schlucht. Kamera ab. »Wenn die Experten von *Menschen für Menschen* nicht gekommen wären, dann hätte dieser Abgrund sich rasend schnell vergrößert und mein Haus und all mein kostbares kleines Land hinweggeschwemmt. Wir wären verloren gewesen. Und nun habe ich mit den ›Menschen‹ nicht nur das Land zurückgewonnen, sondern einen kleinen Garten Eden geschaffen, mit vielen Früchten, Papayas, Guaven, Avocados...« »Bietschön, noch mal«, sagt Hannes Zell, der Salzburger Regisseur, zu seinem Kameramann, »dös G'sicht war im Schatten.« Erstaunt fängt Gesete von vorne an. »Ich dachte immer, die Ferenghi, die Ausländer, hätten keine Zeit...«, sagt der Grauhaarige zu Berhanu, der für mich übersetzt. Dreimal hält der Tontechniker dem Bauern Gesete das Richtmikrofon wie einen riesigen Fliegenwedel vor die Nase, dann packt das TV-Team zusammen, und wir folgen dem humpelnden Gesete durch ein Wäldchen, in dessen Schatten Kaffeesträucher und Bananen gedeihen. Gesete hat ein neues Steinhaus gebaut, die alte Hütte dient nur noch als Kochstelle. Seine Frau Kamar hat eine Kaffeezeremonie für uns vorbereitet, aber schon hat sich das Kamerateam auf die zwei Holsteiner Kühe gestürzt.

Wenn die 15-jährige Tochter mit den kleinen Zöpfchen im Haar sich auf den Melkschemel setzt, dann sieht das aus wie Heidi in Afrika. Aber die schwarzbunten Kühe trampeln unruhig, wollen lieber vom Chef gemolken werden, sodass der Ärmste mit seinem offenen Fuß in den beißenden Mist gehen muss. »Zwölf Liter Milch geben meine beiden Prachtdamen her«, sagt er stolz, eine normale äthiopische Kuh hat höchstens einen Liter im Euter. Dann schickt Gesete seine kleinen grün behosten Neffen los, um frisches Grünfutter zu schneiden. »Ich kann die Kühe das ganze Jahr mit Frischfutter versorgen«, erklärt er stolz. Also alles Öko – zumindest das Problem vieler europäischer Kollegen, deren Agrarfabriken wegen des Rinderwahnsinns in die Krise gestürzt wurden, hat er nicht.

Jetzt macht das Filmteam Innenaufnahmen des Steinhauses. Gesete führt seine neue Matratze im Alkoven vor. Die Kühe muhen, weil sie nur halb gemolken sind. Aber Kamar hat keine Zeit. Denn nun hat der Regisseur das wundervolle Butterfass entdeckt, das die Experten von *Menschen für Menschen* eigens konstruiert haben. Mit diesem Holzgerät, das wie die Mühle am rauschenden Bach klappert, muss Kamar die nächsten 45 Minuten Butter zubereiten. Eine Verbesserung, denn vorher dauerte das Buttermachen acht Stunden. Vier Filmrollen später, es ist inzwischen Abend, packt das TV-Team zusammen. Gesete bietet uns hausgemachten Jogurt an. »Ich bin ganz kaputt«, gesteht er seinem Freund Berhanu, »stimmt es, dass der arme Mr. Karl so sein Geld verdienen musste?« Dann holt er einen alten Schreibblock: das Gästebuch der Familie. »Wonderful!«, hat der deutsche Botschafter geschrieben. »Vorbildlicher Hof«, so die beiden Regierungspräsidenten von Wollo. »Exzellent«, schreibe ich und:

»Lieber Musterbauer Gesete, geh bitte mit deinem wunden Fuß zur *Menschen für Menschen*-Krankenstation, damit du noch lange so weitermachen kannst.« Seine Tochter liest es ihm lächelnd vor.

2. Kapitel

»Niemand wird mehr mein Kind verstümmeln!«

Wie die Bäuerin Halima gegen die Beschneidung kämpft

Jedes Jahr werden zwei Millionen afrikanischer Mädchen beschnitten. Als Fünf- bis Siebenjährige müssen sie das uralte Ritual der Genitalverstümmelung ohne Betäubung und mit unsterilen Messern, Rasierklingen oder Glasscherben über sich ergehen lassen. Seit dem Aufschrei des somalischen Star-Models Waris Dirie in ihrer Biographie »Wüstenblume« gibt es Proteste in den Weltstädten Europas und Amerikas – allzu fern von Afrika. Karlheinz Böhm hat es jedoch am Tatort Äthiopien geschafft: Die groß angelegte Anti-Beschneidungskampagne von *Menschen für Menschen* zeigt Riesenerfolge, weil er es erstmals unternahm, islamische und christliche Religionsvertreter gemeinsam gegen die Genitalverstümmelung zu vereinen. »Dieses grauenvolle Ritual dient den Männern nur dazu, ihre Ehefrauen sexuell zu beherrschen«, sagt Böhm immer wieder. »Weder im Koran noch in der Bibel gibt es auch nur eine Andeutung, dass Frauen diese Amputation ihrer Sinnlichkeit zu erleiden haben. Wir müssen gemeinsam, Männer und Frauen, diesen schändlichen Brauch abschaffen.« Seit zwei Jahren ist in der Region Fadis in Ostäthiopien die Genitalbeschneidung öffentlich gebannt. Ein Tabu fällt, das Schweigen ist gebrochen.

Sie trägt ein goldschwarz durchwirktes Kopftuch, einen orangeroten Schal um die Schultern und braunes Schmuck-Henna auf ihren lebhaften Händen. Sie ist groß und hat ein sanftes, dunkles Gesicht: eine von vielen Bäuerinnen im Hararghe, Ostäthiopien. Aber wenn sie von Hütte zu Hütte, von Versammlung zu Versammlung zieht und die unheilvolle Praxis anprangert, dann sind sogar die Männer beeindruckt. Halima Beker, 35, ist Bauernsprecherin im Erer-Tal und seit vier Jahren Leiterin der Anti-Be-

Halima Beker.
(Foto: MfM)

schneidungskampagne von *Menschen für Menschen*. Sie will nicht nur ihre eigene achtjährige Tochter, sondern alle Mädchen vor der Tortur bewahren:

»Am Abend vor meiner Beschneidung war ich fröhlich und aufgeregt. Wir saßen mit meinen Geschwistern draußen am Feuer. Meine Mutter und meine Tanten klatschten rhythmisch in die Hände und erzählten mir, dass nun der Tag käme, an dem auch ich in die Gemeinschaft der ehrbaren Frauen aufgenommen würde. Dass ich eines Tages mit einem guten Ehemann verheiratet würde. Dass ich tapfer sein sollte und nicht Haram, also Schande, über unsere Familie bringen sollte. Falls an diesem Abend der Schatten der Besorgnis über dem Gesicht meiner schönen Mutter gelegen haben sollte, ich habe es im Dunkeln nicht gesehen oder nicht sehen wollen. Mein Vater sah ernst und würdevoll aus wie immer. Als Frau darf man in unserer Kultur ohnehin niemals nein sagen. Jedenfalls damals nicht. Und schon gar nicht als siebenjähriges Mädchen.

Die Beschneiderin kam mit ihrer erwachsenen Tochter. Sie hatte nämlich eine verkrüppelte Hand und konnte ihr Handwerk gar nicht mehr alleine ausüben. Als der große Augenblick nahte, band mir also die Tochter die rechte Hand mit dem rechten Fuß und die linke mit dem anderen Fuß so fest zusammen, dass mir die Lederriemen in die Haut schnitten, dann spreizte sie meine Knie. Ich war unruhig, aber mir schwante noch immer nichts Böses, bis meine Mutter mich hinterrücks packte und mir ein Stück Holz in den Mund schob. ›Beiß drauf, wenn der Schmerz kommt‹, empfahl sie mir. Dann fasste mir die jüngere Frau zwischen die Beine und zerrte an meinem Fleisch. Die Beschneiderin hob dramatisch den rechten Arm mit dem schmutzigen kleinen Messer, schnitt tief in meine Genitalien. Aber weil sie ihre Metzelei ohne die linke Hand nicht richtig steuern konnte, setzte sie mehrfach an, mich zu verstümmeln. Und schließlich kam noch das Allerschlimmste. Das war, als sie mir Dornen durch die Vagina stach, um die Wunde zu verschließen, bis nur ein winziges Loch zum Urinieren und fürs Menstruationsblut blieb. Tagelang lag ich fiebrig da und wagte mich nicht zu rühren, damit die Wundnaht nicht platzte. Ich überlebte, aber der Schock sitzt immer noch tief.

Als Kind ahnt man nichts davon, aber später habe ich mitbekommen, wie einige Mädchen in der Nachbarschaft einfach verblutet sind. Sie starben an Infektionen, am Wundstarrkrampf oder an Nierenversagen, weil sie durch das kleine Loch nicht mehr urinieren konnten. Jede Menstruation ist ohnehin eine Qual.

Sa'an, das Mädchen, das mit Mr. Karl auf dem *Menschen für Menschen*-Logo zu sehen ist, hat beinahe ihre ältere Schwester durch die Beschneidung und ihre Folgen verloren. Bisrat, der Krankenpfleger von *Menschen für Menschen*, hat mir das später alles erklärt. Auch dass wir beschnittenen Frauen durch die inneren Wunden leichter AIDS bekommen können. Aber was kein Mann wirklich nachempfinden kann: Wir fühlen uns ein Leben lang körperlich unvollkommen, unserer schönsten Empfindungen beraubt.

Allah ist groß. Ich habe überlebt und fünf gesunde Kinder bekommen, aber niemals werde ich diesen Schmerz vergessen. Er schneidet hier hinein. (Sie zeigt auf ihr Herz.) Und er kommt wieder und wieder: in der Hochzeitsnacht, wenn dein Mann nicht in dich eindringen kann. Wie oft klingt das Jammern einer Braut nachts aus unseren Hütten. Bei der Geburt, wenn du unter den Wehen zu zerreißen drohst und erst gebären kannst, wenn du aufgeschnitten bist. In diesen Momenten sehe ich wieder die Schlächterin mit der Krüppelhand vor mir. Am schlimmsten war es, als meine älteste Tochter Rumane dieselben Qualen wie ich erleiden musste. Damals, vor sieben Jahren, hatte ich noch nicht die Kraft, mich gegen die Tradition zu stellen. Ich wollte nicht, dass meine Tochter im Dorf als ›Hohlloch‹ beschimpft würde und niemals einen guten Mann gefunden hätte. Misra, meine jüngste Tochter, ist jetzt acht Jahre alt. Aber ich schwöre bei Allah (sie hebt die Hand), niemand wird mehr mein Kind verstümmeln!

Ich kenne Mr. Karl seit vielen Jahren, denn ich bin Bauernsprecherin von Bisidemo, einem alten Ort im Erer-Tal. Als ich sah, wie sehr er sich nicht nur für die Hauiwas, die Umsiedler aus den Hungerlagern, sondern auch für alle anderen Leute im Tal, denen es fast genauso schlecht ging, einsetzte, wusste ich: Er ist ein guter Mensch! Unser aller Vater, wie wir hier sagen. Anfangs waren ihm Schulen, saubere Brunnen, lokale Krankenstationen wichtig. Aber je mehr er unsere Bräuche kennen lernte, desto nachdenklicher wurde er. Almaz, seine Frau, kommt ja von hier und hat ihn auch darin bestärkt, dass sich etwas ändern muss. Er erzählt immer wieder von dem kleinen Mädchen, das er in der Erer-Krankenstation fand. Die Kleine litt an Epilepsie, und Mr. Karl hatte sich persönlich darum gekümmert, dass sie die ausländischen Medikamente bekam. Er beschwor ihre Eltern, sie auf keinen Fall beschneiden zu lassen. Als er das nächste Mal aus Europa kam, fand er das Kind sterbend in der Krankenstation: Seine Genitalien waren nur noch zerstückeltes Fleisch, weil es während der Beschneidungszeremonie einen Anfall bekommen hatte.

›Halima, wir müssen etwas dagegen tun‹, sagte er damals zu mir. Er war richtig betroffen. Er ist der erste Mann, der das Tabu offen ansprach, obwohl... oder vielleicht gerade, weil er doch ein Ferenghi, ein Ausländer, ist. ›Karl, die Leute lieben dich‹, sagte ich ihm, ›aber in diesem Fall werden sie nicht auf dich hören, denn die Beschneidung ist ein Teil ihrer Kultur. Und dann ist da unsere Religion.‹ ›Wo steht das?‹, fragte er nur. So haben wir vor zwei Jahren unsere große Anti-Beschneidungskampagne begonnen. Ich war so aufgeregt, als ich an jenem Morgen Hunderte, ja Tausende von Frauen, aber auch Männer und Kinder zu Fuß zu uns ins Erer-Tal wandern sah. Wir waren mehrere Tausend Leute, haben uns alle unter freiem Himmel hingesetzt und zugehört, was die moslemischen und christlich-orthodoxen Kirchenführer, aber auch, was Mr. Karl und einige Beschneiderinnen zu sagen hatten. Ich kann nicht lesen und schreiben, aber die Worte der Sheiks und des christlichen Amtsträgers Abune Kostos haben sich mir tief ins Gedächtnis eingegraben.

›Die Beschneidung begann zur Zeit Abrahams‹, sagte der orthodoxe Bischof, ›in der Bibel steht (Genesis 17: Vers 10–12, die Red.), dass Gott von Abraham verlangte, zum Zeichen seines Bundes mit ihm alle männlichen Nachkommen, sobald sie acht Tage alt sind, zu beschneiden. Also, Gott sagt, dass nur die männlichen Nachkommen beschnitten werden müssen.‹ Der Kirchenmann fuhr fort, dass es nach den christlichen Gesetzen ein großes Verbrechen sei, Frauen zu verstümmeln. Ja, es sei traurig, dass solche Menschen, die ihre weiblichen Nachkommen wie ein Stück Lappen zunähten, überhaupt in Äthiopien leben dürften. Dann erklärte Scheich Taha Osmane, dass er mit anderen moslemischen Gelehrten, Religionsführern und Sheiks den Koran und die Scharia, aber auch die Hadis, das Gesetzbuch Mohammeds, untersucht und nirgendwo eine Andeutung auf Frauenbeschneidung gefunden habe. Der Scheich verlangte die Abschaffung dieser schändlichen Tradition, worauf ein unbeschreiblicher Jubel unter den Zuhörern losbrach. Wer weiterhin die Pharaonische Totalbeschneidung vornehme, sollte mit der Abgabe von 25 Kamelen bestraft werden, forderte der Scheich. Allerdings hielt der Religionsführer die leichte Form der Klitorisbeschneidung für harmlos und deshalb praktizierbar. Da widersprach ihm Abdulrahman Muda, der oberste Scheich unserer Fadis-Region, aufs Heftigste. Gott habe den Menschen nach seinem Ebenbild geschaffen und kein Mensch habe das Recht, andere in Allahs Namen zu verstümmeln. Auch nicht die Spitze der Klitoris zu entfernen. Dann haben wir, unter unglaublichem Jubel, eine Resolution verlesen, die die weibliche Genitalverstümmelung ganz verbietet und die *Menschen für Menschen* damit beauftragt, auch in anderen Regionen aufzuklären.

Seither kann ich sagen, dass der Brauch im Erer-Tal und Umgebung abgeschafft ist. Die meisten Frauen, mit denen ich spreche, reagieren erleichtert, dass sie nun endlich ihre Töchter nicht mehr diesen sinnlosen Qualen, die auch noch gesundheitsgefährdend sind, aussetzen müssen. Viele Männer sind abwartend oder skeptisch, schließlich wird eine jahrtausendealte Tradition nicht von heute auf morgen beendet, das lebt in den Köpfen der Menschen fort. Aber die jungen Leute reagieren froh. Hast du gesehen, wie sie in den Schulen kleine Theaterstücke gegen die Genitalverstümmelung aufführen? Natürlich sind die Beschneiderinnen nicht glücklich über unsere Kampagne. Immerhin war es ein blutiges, aber hoch anerkanntes Handwerk, jede Beschneidung brachte fünf Birr, also etwa 1,50 Mark ein, und die Frauen fragen sich, wovon sie heute leben sollen. Ich sage ihnen, sie sollen etwas Vernünftiges lernen. Einen

Kleinkredit von *Menschen für Menschen* aufnehmen und Ziegen züchten oder mit Getreide handeln. Es gibt immer eine Möglichkeit. Meine Kollegin Halima Yonis, die als Hebamme einst eine einflussreiche Beschneiderin im Dorf Isakoi war, ist heute eine Vorreiterin im Kampf gegen diese Unkultur. Als gute Hebamme leitet sie die neue *Menschen für Menschen*-Krankenstation. Bei der Einweihungsfeier hat sie ihre rechte Hand gehoben und geschworen, dass sie damit nur Babys zur Welt bringen wird und nie mehr ein Kind beschneidet.

Hast du das Mädchen in Isakoi gesehen? Sie ist neun Jahre alt und hat sich erfolgreich gegen ihre Eltern gewehrt, die sie beschneiden lassen wollten. Das braucht Mut und ist etwas ganz Neues in unserer Gesellschaft. Ein Mädchen, das nein sagt! Mr. Karl meinte auch gleich, dass die Kleine eine Heldin sei, und alle haben geklatscht. Vielleicht wird irgendwo in unserer Region noch in aller Heimlichkeit beschnitten, aber wir gehen mit Riesenschritten dem Ende dieser Tradition entgegen. Möge es in anderen Gebieten Äthiopiens, die ich alle nicht kenne, auch bald vorüber sein. Allah schenke mir Geduld. Mein schönster Tag wird sein, wenn das erste unbeschnittene Mädchen im Erer-Tal heiratet. Denn das heißt, dass alle, auch ihr zukünftiger Mann, ihre Schwiegereltern und ihre gesamte Familie den neuen Status akzeptiert haben. Dann werde auch ich zum Tambour tanzen und die Hände im Rhythmus klatschen.«

Ein Schnitt in die Seele der Frauen

Die jahrtausendealte Tradition, die wohl aus der Pharaonenzeit stammt, ist trotz vieler Todesopfer, medizinischer Spätfolgen und erhöhtem AIDS-Risiko in Afrika ungebrochen. In 26 Ländern des Schwarzen Kontinents, aber auch auf der Arabischen Halbinsel wird der Eingriff praktiziert, Emigranten setzen das blutige Ritual in den USA und Europa fort. Ob in islamischen oder in christlichen Kulturen, bei Hirten, Halbnomaden, aber auch bei sesshaften Bauern, selbst bei Städtern gilt: Was Frauen zwischen den Beinen haben, ist sündig und schlecht und muss im Kindesalter entfernt werden, nur beschnittene Mädchen werden geheiratet und erhalten so einen festen Platz in der Gesellschaft. Allein in Äthiopien werden 87 Prozent aller Frauen dieser Horrorprozedur unterzogen und damit weitgehend ihrer sexuellen Empfindungen beraubt.

Die schlimmste Form ist die Infibulation oder Pharaonische Beschneidung, wobei die Klitoris, kleine Schamlippen und Teile der großen Schamlippen entfernt werden. Danach wird die Vulva mit Dornen zugeklemmt oder Ziegendarm zugenäht und nur eine reiskorngroße Öffnung zum Urinieren und für die spätere Menstruation gelassen. Erst in der Hochzeitsnacht wird das Mädchen erneut mit dem Messer geöffnet. Die am weitesten verbreitete Art ist heute die Klitorisdektomie, bei der die Klitoris und die kleinen Schamlippen ganz oder teilweise amputiert werden. Die Sunnitische Beschneidung gilt als die leichteste Art, weil »nur« die Klitorisspitze bzw. deren Vorhaut entfernt wird. Es ist in jedem Fall ein tiefer Schnitt in die Seele der Frau.

3. Kapitel

»Jetzt grüßen die Nachbarn wieder ehrerbietig«

Drei starke Frauen berichten über das Wunder von Kleinkrediten

»This is not a ladies country«, das ist kein Land für Frauen, scherzen die Äthiopier, wenn sich Europäer über die vielen, alltäglichen Benachteiligungen der Frauen wundern oder aufregen. Ein harmloses Beispiel: Wenn eine Norddeutsche mit einem Äthiopier in Addis Abeba Kaffee trinken geht, wird ihr die Kellnerin völlig selbstverständlich zuletzt den Caffelatte servieren und laut kichern, falls dann auch noch die Dame bezahlen möchte. Eine Frau lädt doch keinen Mann ein! Zweites Beispiel: Der junge Ingenieur fragte mich bei der Besichtigung der Baugrube des geplanten *Menschen für Menschen*-Krankenhauses von Alem Katema, ob ich schon mal eine Baustelle gesehen hätte. Mehr als genug, sagte ich. Und ob ich wüsste, was ein Generator sei. Und, last, not least, ob ich verheiratet sei. Madam, it's a men's country! Und man bzw. frau braucht nicht lange, um eines zu verstehen: Der Begriff der westlichen Emanzipation und Forderungen wie gleiche Ausbildung, gleicher Lohn, gleiche Chancen für Mann und Frau, die in den Industrieländern schon lange kein Thema mehr sind, klingen in einer halb feudalistischen Gesellschaft wie Äthiopien, wo es ums tägliche Brot und Überleben geht, so unverständlich und unpassend, wie wenn die amerikanische Popikone Madonna mit einem iranischen Mullah rappen würde.

Das faszinierende, andersartige Land im Osten Afrikas lebt eben teilweise noch wie in biblischen Zeiten. Hier gehen die Uhren anders, das Jahr zählt 13 Monate nach dem Julianischen Kalender, die Stunden werden nach Sonnenauf- und Sonnenuntergang berechnet. Schließlich ist es kaum eine Generation her, dass der Derg, der sozialistische Revolutionsrat, die Bauern aus der Leibeigenschaft befreite. In entlegenen Dörfern sieht man uralte Veteranen noch immer mit museumsreifen Tropenhel-

men aus Mussolinis Besatzerzeit oder zerschlissenen Uniformmänteln aus Kaiser Haile Selassies Armeebeständen herumspazieren. Sie haben ja nie etwas anderes besessen. Nur Ethiopien Airlines kann es sich, vielleicht als einzige Luftlinie der Welt, leisten, der Zeit voraus zu reisen und ihre Inlandflüge ein bis anderthalb Stunden vor der Fahrplanzeit starten zu lassen. So kommen Piloten und Passagiere, sofern diese rechtzeitig am Flughafen gewesen sein sollten, früher nach Hause. Zeit ist eben ein dehnbarer Begriff im Land der Königin von Saba.

Men first! Die Männer können in einer überwiegend ländlichen Gesellschaft so selbstherrlich auftreten, weil sie die stolze Erzeuger- und Ernährerrolle haben, Frauen müssen weibliche Demut zeigen. Eine Bäuerin darf nie mit einem Ochsen pflügen, das brächte Unglück. Dafür wird kein Mann die heiße Tonkanne bei der wunderbaren Kaffeezeremonie anrühren, die nachmittags in fast jeder Hütte zelebriert wird, denn das ist ihr Metier.

Die moderne Industriegesellschaft kennt Jobs, die zwischen Mann und Frau austauschbar sind, in Afrika sind die Geschlechterrollen der Tradition nach streng geteilt, die Hauptarbeit geht meistens zu Lasten der Frau. Äthiopische Bäuerinnen müssen 16 bis 20 Stunden täglich fronen und dabei Arbeiten verrichten, die wir uns in einer Wohlstandsgesellschaft nicht mehr vorstellen können: 30 bis 40 Liter schwere Wasserkrüge vom Brunnen schleppen, Feuerholz sammeln, bis der gekrümmte Rücken unter dem schweren Bündel schmerzt, Getreide im Mörser stampfen oder – bereits eine Art Luxus – in einer Mühle mahlen, auf dem Lehmherd oder am offenen Feuer kochen, Kinder aufziehen, Wäsche mit der Hand am Fluss waschen, den Mann und oft auch die Schwiegermutter bedienen.

In der Benachteiligung des weiblichen Geschlechts stehen sich christlich-orthodoxe Kirche und Islam in nichts nach. Männer haben in beiden Religionen die absolute Entscheidungsgewalt und das Züchtigungs-

Brennholzträgerinnen
auf dem Weg nach
Addis Abeba.

79

recht über Frauen und Kinder. Die Frauen nehmen, wie auch noch in Europa vor gut 200 Jahren, nicht am Wirtschaftskreislauf teil. Sie verfügen selten über eigenes Geld, höchstens über die Pfennigbeträge, die sie auf dem Markt verdienen. Alleinstehende Frauen hatten bis vor kurzem keine Chance, einen noch so bescheidenen Kredit aufzunehmen und damit ins Geschäftsleben einzutreten, denn die äthiopischen Banken verlangen ausreichende Sicherheiten und die lokalen Geldverleiher kassieren Wucherzinsen von 120 Prozent Zinsen oder mehr.

Persönliche Entwicklung, individuelle Entfaltung, Schulbildung? Dafür hat die Mehrheit der Äthiopierinnen keine Zeit, denn der Übergang von der Kindheit zum Erwachsenenalter ist kurz und brutal. Obwohl das Gesetz 15 Jahre als Mindestalter vorschreibt, werden in konservativen christlichen Gegenden wie Merhabete immer noch viele Mädchen mit elf oder zwölf Jahren verheiratet, denn die Eltern fürchten nichts mehr, als dass die Tochter geraubt, geschwängert oder »erfahren« ist, bevor sie heiratet. Die wenigsten Mädchen haben länger als drei Jahre die Schule besucht, denn weibliches Wissen gilt nichts. »Eine schöne Braut wird immer schüchtern (kindlich) sein«, heißt ein Sprichwort. Sie sind also selbst noch Kinder, wenn sie das erste Kind gebären. Weil die Mädchen noch nicht ausgewachsen sind und das Becken zu schmal ist, wird es oft eine Totgeburt und ein Dammbruch bzw. eine Darm-Scheidenfistel kann die Folge sein. In einem Land, in dem ein Arzt auf etwa 32 500 Einwohner kommt und Chirurgen oder gar Gynäkologen äußerst rar sind, bleiben die Kindfrauen mit ihrem Leiden in der Regel jahrelang unbehandelt und werden wie Aussätzige aus der Gemeinschaft ausgestoßen. Egal, aus welchen Gründen der Mann die Frau verlässt oder ob er stirbt: Das Elend der Alleinstehenden ist vorprogrammiert.

Men first? Man braucht nur offene Augen und offene Ohren, um zu begreifen, dass die Frauen die Hauptleidtragenden der Armut in Äthiopien sind – und ihre Unterdrückung das Haupthindernis einer modernen Entwicklung des Landes ist. »Wenn man aus unserer Wohlstandsgesellschaft kommt und

Töpfernde Frauen in Alem Katema.

80

sieht, in welcher Armut und Demut gerade alleinstehende Frauen leben müssen, möchte man spontan helfen«, sagt Karlheinz Böhm. »Unsere Frauenprojekte sind eine wunderbare Sache, aber«, schränkt er ein, »ohne die Mitarbeit und Akzeptanz der Männer wird es nicht funktionieren.« Und: »Es wird noch Generationen brauchen, bis sich die Strukturen hin zu einer Gleichberechtigung von Mann und Frau entwickeln.«

Ist der Gründer von *Menschen für Menschen* da nicht etwas zu skeptisch? Gerade seine eigenen Frauenprogramme sind so erfolgreich, wie es keiner zu hoffen wagte. Ausgerechnet im rückständigen Merhabete, wo das technische Zeitalter noch gar nicht angekommen ist, hat sich das Kleinkreditprogramm als Siebenmeilenstiefel der Emanzipation erwiesen und das Leben vieler früher bettelarmer Frauen positiv verändert. Erfolgreiche Entwicklungshilfe ist eben kein Knopfdruck-Programm, sondern immer auch Hilfe für Einzelne und hängt vom persönlichen Engagement der Helfer und ihrem guten Draht zu den Betroffenen ab. Da haben, so hört man es in jeder zweiten Hütte, zwei Frauen, die Ethnologin Una Hombrecher, die von 1994 bis 1996 in Merhabete lebte, und die *Menschen für Menschen*-Frauenbeauftragte Conny Prehl, die perfekt Amharisch spricht, viel Vertrauensarbeit an der Basis geleistet. Seither leiten Frauen Töpferkooperativen, Webereien und Strickereien, Mühlen und kleine Restaurants, züchten Hühner, Schafe und handeln mit Getreide. Als wärn die Frauen gerade erst aus dem ökonomischen Dornröschenschlaf erwacht. »Die Kleinkreditprogramme für rund 3000 alleinstehende Frauen gehören für mich zu den erfolgreichsten und menschlich befriedigendsten Projekten überhaupt«, sagt auch Merhabete-Projektleiter Berhanu als Mann und Manager. »Geh in ihre Hütten«, riet er mir, »du wirst nicht wie eine Fremde, nicht wie eine Journalistin, sondern wie eine Schwester empfangen werden.« Berhanu hatte Recht. Begleitet von der Sozialarbeiterin Yeshimabet, die für mich übersetzte, verbrachte ich mit den drei *Credit ladies* Tscharasch, Betucan und Schewa die nettesten Kaffeestunden meines Lebens.

»Mein nächster Traum – die eigene Wasserleitung«
Tscharasch ist erfolgreiche Restaurantbesitzerin

Von außen sieht Tscharaschs Restaurant so bescheiden aus wie alle Hütten im Dorfe Fetra in Merhabete: Stroh- oder Blechdach, gestampfter Lehmboden, die Fensterhöhlen mit ein paar Stoffresten zugehängt, eine einsame Glühbirne pendelt am Kabel. Doch wer als Gast über die Schwelle tritt, der sieht sofort, dass Tscharasch, die hübsche Besitzerin, eine von denen ist, die es geschafft haben. Eine von etwa 3000 Frauen, die von der Hand in den Mund lebten und sich mit einem winzigen *Menschen für Menschen*-Kredit von rund 350 Mark in kürzester Zeit eine Existenz aufgebaut haben.

Restaurantbesitzerin
Tscharasch.
(Foto: MfM)

Der Raum in der Hütte ist anheimelnd, es duftet nach Weihrauch, frisch
gerösteten Kaffeebohnen und Heu, das sie zu unseren Ehren auf den
Lehmboden gestreut hat. Ein amharisches Buch liegt auf der Lehmbank.
Lesen zu können sei für sie immer noch ein kleines Wunder, sagt die
junge Frau, die, jetzt 35 Jahre alt, mit fast 30 acht versäumte Schuljahre
nachgebüffelt hat. Dann bietet sie frisch geröstetes Popcorn an, aus Hir-
se (Popcorn ist nämlich keine Erfindung aus den USA, sondern ein ural-
tes Öko-Fastfood aus Afrika).

Wie Tscharasch haben bisher 90 Frauen in Fetra und Umgebung diesen atemberaubenden Schritt vom Tagelöhnerdasein zur kleinen Unternehmerin gewagt, obwohl sie als alleinstehende Frauen sozial geächtet
waren. »Mit elf wurde ich mit einem Mann verheiratet, den ich nicht
liebte, bekam mit 14 das erste Baby und war mit 18 geschieden. Da
stand ich nun mit drei kleinen Kindern alleine da«, erzählt Tscharasch
und zieht die selbstgehäkelte rosa Tischdecke glatt, »die Nachbarn haben mich wie eine Prostituierte angesehen.« Tscharasch zog mit ihren
Kindern in die Hütte ihrer Mutter. Gemeinsam betreuten die Frauen die
winzige Landwirtschaft, die zum Sterben zu viel, zum Leben zu wenig

Frauen holen Wasser
in schweren Krügen und
tragen es kilometerweit
zu ihren Hütten.

einbrachte. Tscharasch begann, daheim Bier zu brauen und in der Nachbarschaft zu verkaufen. »Ich borgte mir hin und wieder Geld von den Reichen, aber ich war unglücklich, konnte ich doch nicht mal die Schulkleidung für meine Kinder bezahlen.« Doch in der dreijährigen Zusammenarbeit mit dem Frauenprojekt von Merhabete und mit einem für europäische Verhältnisse geradezu lächerlichen Kredit von 350 Mark hat sie ihr Leben umgekrempelt. »Jetzt grüßen auch die Nachbarn wieder ehrerbietig«, sagt sie, *Menschen für Menschen* sei Dank.

Tscharasch schloss sich mit fünf Bäuerinnen zusammen, die eines gemeinsam hatten: Sie wollten ihr armseliges Leben endlich in die Hand nehmen und nicht mehr von Almosen leben. Sie wollten lesen, schreiben und vor allem rechnen lernen, also drückten sie noch einmal die Schulbank. »Ich mag gar nicht daran denken, wie mühsam das anfangs war. Hart arbeiten, das sind wir alle gewöhnt, aber für morgen und übermorgen zu planen, das kannten wir nicht. Seleku, unsere *Menschen für Menschen*-Sozialarbeiterin, musste uns erst einmal beibringen, dass wir das Geld nicht einfach ausgeben, sondern einteilen, uns die Raten zurechtlegen und lernen, was Zinsen sind.« In kleinen Schritten zu agieren und Selbstvertrauen aufzubauen. »Ich habe nicht nur den ersten, sondern sogar schon den zweiten Kredit auf Heller und Pfennig zurückgezahlt«, erzählt sie stolz und schenkt uns mit anmutigen Bewegungen den frisch gebrühten Kaffee ein. Als Restaurantbesitzerin mit etwa 50 Kunden am Tag koche sie auf einem Brennholz sparenden Ofen, der Umwelt zuliebe. Ein Bündel Holz reiche jetzt den ganzen Tag, wo es früher zwei bis zweieinhalb waren. Vor allem wisse sie jetzt, wie man mit Geld umgehe, wie man Getreide zur Ernte billig und später im Jahr mit Gewinn verkaufe, sagt sie und zeigt auf die Kornsäcke, die sauber geordnet in ihrer Schlafkammer stehen. »Meine Kinder müssen nicht mehr in Lumpen gehen, ich habe genug Geld, um sie zur Schule zu schicken«, sagt sie lächelnd und zeigt auf ihre heranwachsende Tochter, die ihr nachmittags im Restaurant zur Hand geht. Tscharasch deutet auf die schweren großen Tonkrüge. Ein Leben lang hat sie sie zum Brunnen getragen und wieder zurückgeschleppt, für die Mutter, für den Mann, für die Kinder, für die Gäste. Jetzt nimmt die Tochter ihr die Plackerei ab. »Aber einmal muss Schluss sein mit der Schlepperei«, sagt Tscharasch, »mit dem nächsten Kredit lasse ich mir die eigene Wasserleitung ins Haus legen. Einfach nur den Hahn aufdrehen und dann fließt das Wasser ganz von selbst! So was Tolles!«

»Eigentlich brauche ich gar keinen Ehemann«
Seit Betucan Modellbäuerin ist, schauen die Männer ihr nach

»Mein Vater war ein guter und weiser Mann«, sagt Betucan, »er ließ mich sogar als Mädchen zur Schule gehen. Doch als ich in der sechsten Klasse war, starb er, und unser Unglück begann.« Wir sitzen in ihrer geräumigen Hütte auf Lehmbänken, die sie mit Ziegenfellen geschmückt hat. Die Hütte hat ein Wellblechdach, ein Zeichen von bescheidenem Wohlstand, denn »ein Grasdach musst du nach jeder Regenzeit flicken und erneuern, immer sickert das Wasser irgendwo durch, aber Wellblech hält ewig«, erzählt die Besitzerin. Und es klingt schön, wenn der Regen darauf trommelt. Da auch Betucans Bruder früh verstorben war, musste sie eben als Zwölfjährige die Schule verlassen und über Nacht den Familienvorstand spielen, denn ihre Schwester war zu klein und ihre Mutter völlig gebrochen. »Wir lebten in der kleinen Hütte nebenan, die ich heute nur noch zum Kochen und als Hühnerstall benutze«, sagt sie. »Als alleinstehende Frau in Äthiopien hast du eine Menge Schwierigkeiten«, erzählt sie. »Wenn du arm bist, findest du keinen Mann. Wenn du arm bist, leiht dir keiner Geld. Wenn du arm bist, hört dir keiner zu. Aber man lernt, wie ein Mann für die Familie zu sorgen. Als meine Schwester starb, habe ich ihre kleine Tochter zu mir genommen. So habe ich doch auch ein Kind.« Nur eins kann sie bis heute nicht: Sie muss immer einen Nachbarn bitten, ihr das Pflügen des kleinen Feldes abzunehmen. »Klar, ich wäre stark genug, um selber die Pflugschar hinter dem Ochsen zu führen«, sagt sie, »aber das ist nun mal Männersache in unserer Gesellschaft. Seit vielen tausend Jahren.«

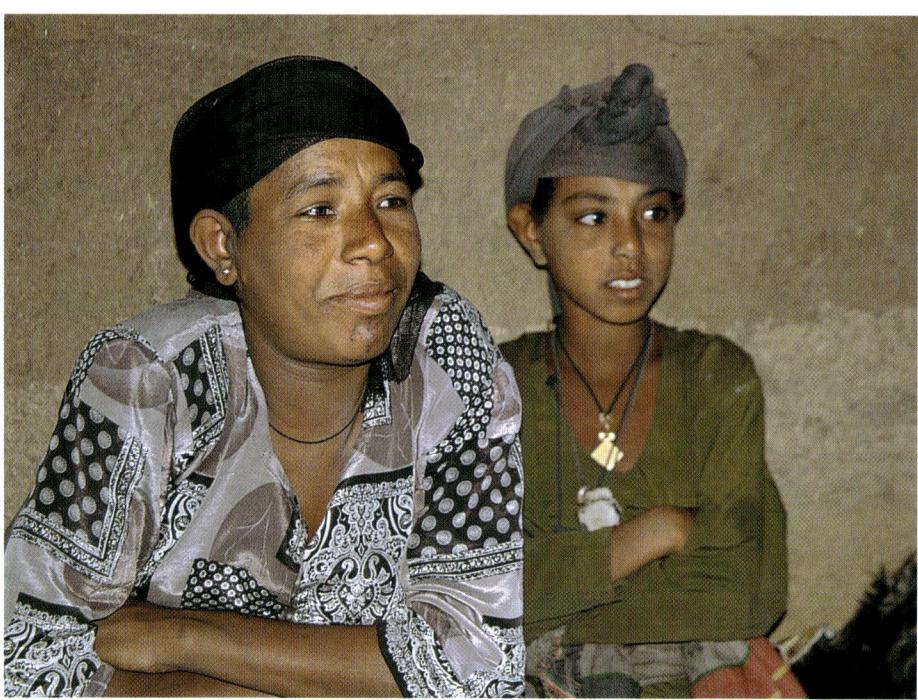

Bäuerin Betucan mit
Freundin Schewa.
(Foto: MfM)

Heute ist Betucan 27 Jahre alt und eine gemachte Frau. Eine, die den Kopf hoch trägt und ihr Selbstbewusstsein zeigt. Vor vier Jahren begann sie im *Menschen für Menschen*-Frauenprojekt. Wie viel Kredit hat sie bisher aufgenommen? »2 346 Birr, etwa 700 Mark«, kommt es wie aus der Pistole geschossen. Und jeden Birr hat sie nach zwei Jahren zurückgezahlt. Das Licht bricht sich in dünnen Bahnen, in denen glitzernde Staubkörnchen tanzen, durch die Lehmwände. Der Staub kommt von den Getreidesäcken, die Betucan fein säuberlich auf der Bank aufgereiht hat. »Seitdem ich den ersten Kredit von *Menschen für Menschen* bekommen habe, kaufe ich gleich nach der Ernte billig Getreide ein und verkaufe die Überschüsse im Winter mit einem netten Profit«, erklärt sie stolz. Betucan sei eine geborene Händlerin, betont Yeshimabet, die Sozialarbeiterin, viele Bauern würden sie inzwischen um Rat bitten. Auf den Bauernversammlungen ist sie eine gute Rednerin, denn sie weiß, wovon sie spricht. Von ihrem zweiten Kredit kaufte sie ein Ochsengespann. »Das verleihe ich tageweise an andere Bauern, die müssen mir dafür meine Felder pflügen.« Im Garten pflanzt sie Chili und Pfefferschoten, die auf dem Markt einen guten Preis erzielen. Dann zeigt uns die Bäuerin ihre einzige Milchkuh, der sie alle Pflege angedeihen lässt, denn so gibt das Tier, eine Holsteiner-Zebu-Kreuzung, die zehnfache Menge Milch einer äthiopischen Kuh.

Heute ist der Tierarzt von *Menschen für Menschen* in Fetra. Da wird Betucan ihre Kuh und die zwei Ochsen durch die Schwemme treiben, wodurch sie von Parasiten desinfiziert werden und ein glänzendes Fell bekommen. Eigentlich Männerarbeit, aber Betucan führt ihre Rinder mit leichter Hand. Bevor sie sich verabschiedet, möchte sie uns noch etwas erzählen, sagt sie ein bisschen verschämt. »Vor ein paar Monaten habe ich geheiratet, obwohl ich mich schon zu alt dafür fand. Aber seit ich Geld habe, schauen mir die Männer nach«, sagt sie lachend. Im Moment sei die Ehe gut, aber sollte es einmal kriseln, da lässt eine Frau wie Betucan keinen Zweifel, würde sie ihren Mann fortschicken. Spricht's und geht stolz wie ein Königin mit ihren Rindern davon.

»Als sie meinen Mann erschossen, wollte ich sterben«

Heute plant Schewa mit vier Freundinnen eine Getreidemühle

»Siehst du sein Bild dort im Speiseraum hängen? Er war 19, als wir Hochzeit feierten. Ein gut aussehender junger Mann, findest du nicht? Ich war gerade 14, als wir von unseren Eltern verheiratet wurden. Es war eine arrangierte Ehe, aber ich habe ihn heiß geliebt.« Schewa seufzt, wenn sie die verblassten Schwarzweißbilder ihres Mannes an der Wand ihres kleinen Restaurants betrachtet. Er war Soldat, sie war Hausfrau. 1989 war ein unruhiges Jahr, doch Schewa erwartete zuversichtlich ihr drittes Kind, eine Tochter. Sie dachte nicht an die Front im Bürgerkrieg gegen Tigre und Eritrea, die nicht weit von Alem Katema, der abgeschlossenen Provinzhauptstadt hoch oben auf dem Tafelberg, verlief. Zu viele Sorgen tun einem wachsenden Baby nicht gut. Sie dachte auch nicht an die Banditen, die die einzige Zufahrtstraße durch das Dschemma-Tal beherrschten und jeden ausplünderten, auf den sie trafen. Marodeure gibt es in jedem Krieg. Sie wollte sich nur mit guten Gedanken umgeben – bis zu dem Tag, als sie ihn brachten. Tot. Von hinten erschossen. »Von vorne zu töten fehlte ihnen wohl der Mut«, sagt sie, ganz Militärfrau. Damals wollte die junge Witwe sich das Leben nehmen, aber die Kinder, elf und neun Jahre alt, und das Baby im Bauch! Die brauchten sie doch. Sie bekam ganze 50 Birr, etwa 13 Mark Witwenpension, was soviel wie zwei Pfund Kaffee wert ist. Nur dank der Sozialwohnung gegenüber dem Markt von Alem Katema, für die sie 2,50 Birr, also 70 Pfennig Monatsmiete zahlt, konnte sie überleben. Wo Markt ist, da sind Leute. Leute haben Durst, Männer haben Durst nach Bier, überlegte Schewa und eröffnete wie ihre Kollegin Tscharasch in Fetra eine kleine Bierstube, die heute, dank eines *Menschen für Menschen*-Kredits, das erste Lokal am Platz ist. Schewa sagt niemals »ich habe nichts gelernt«, sondern »ich kann das beste Ambascha-Brot der Stadt backen«. Damit reicht sie mir eine Kostprobe des Sesam-Fladenbrots im selbstgeflochtenen bunten Korb. Wie fast alle *Credit ladies* hat die Witwe Schewa mit ihrem ersten Kredit einen Getreidehandel aufgebaut. »Meine Söhne haben mir beim An- und Verkauf des Korns geholfen, meine Tochter geht mir im Restaurant zur Hand«, sagt sie und stellt mir das kleine Mädchen mit dem Kopftuch vor, das schon mit elf am Lehmofen die Indscherra, das Fladenbrot für das äthiopische Leib- und Magengericht, zubereitet.

»Früher habe ich sehr traditionell gedacht«, sagt Schewa, »aber in den letzten Jahren habe ich meine Meinung zu vielem geändert.« Sie hat sich geweigert, ihre Tochter beschneiden zu lassen. Die *Menschen für Menschen*-Kampagne hat sie in ihrer Haltung nur noch bestärkt. Auch im Hinblick auf die Frühehe ist sie heute skeptisch. »Bei meinem Mann und mir ist es gut gegangen, aber meine Kinder sollen erst zur Schule gehen, einen Beruf erlernen und dann an Heirat denken.« Ihr Ältester lebt bereits in Addis Abeba, tagsüber Student, nach Sonnenuntergang Nachtwächter. Schewa hat nie an Wiederheirat gedacht, wollte ihren Kindern einen Stiefvater im Haus ersparen. »Über Sex bin ich hinaus«, sagt die 43-jährige mit einem feinen damenhaften Lächeln, aber im Leben habe sie noch große Pläne. »Eine Mühle«, sagt sie und lässt sich die Worte auf der Zunge zergehen, »für Öle und Getreide.« »Müllerin wär ich für mein Leben gern.«

Agrotechnisches Trainings-
College (ATTC) in Harar.

4. Kapitel

»›Null Bock‹ kennen wir hier im Trainingszentrum nicht«

Vom Ochsenpflug zur Werkbank – das Agrotechnische Trainings-College

20 Studenten im feuerroten Arbeitsanzug klettern eilig auf den offenen Lastwagen mit der Abschleppwinde. »Hopp, hopp, hopp«, dirigiert der äthiopische Werkstattleiter Gashahun Arega die jungen Leute. Schließlich hat der Kfz-Werkmeister sieben Jahre in Deutschland, im anderen Deutschland, studiert und kann sogar perfekt sächseln, wenn er will. Heute lautet die Aufgabe an seine Autoschlosser: Aus alt mach neu, aus Schrott mach Gold! Die Studenten des Agrotechnischen Trainings-Colleges (ATTC) im zweiten Lehrjahr werden einen maroden, verbeulten Toyota-Pickup in einem Vorort von Harar aufladen und mit vereinten

Ein Mädchen bei der Ausbildung zum Maschinenschlosser im ATTC.

91

Kräften bis zum Abend in einen soliden fahrbaren Untersatz verwandeln. Nicht etwa mit fabrikneuem Material wie Kotflügeln, Stoßstangen, Motor oder Kupplung – Originalersatzteile sind wegen der hohen Einfuhrzölle in Äthiopien fast unbezahlbar –, sondern nur mit ausgeschlachteten Teilen vom institutseigenen Schrottplatz. Unter den Kraftfahrzeug-Lehrlingen sehe ich drei Köpfe mit wilden Zopffrisuren. Drei Mädchen, Mädchen vom Lande gar in einem solchen Männerberuf? »Anfangs sind sie sehr schüchtern, trauen sich nichts zu und verstecken sich hinter den jungen Männern«, sagt Meister Gashahun, als der Lastwagen durch das Schultor des Trainingszentrums davonrumpelt, »aber schon im zweiten Lehrjahr können sie gut mithalten. Sie merken, dass sie bei uns eine Riesenchance haben, vielleicht die einzige im Leben.«

Am Rande der orientalisch anmutenden Stadt Harar, die einmal eine Karawanserei auf dem Handelsweg ans Rote Meer war, hat *Menschen für Menschen* eine Berufsschule mit handwerklich-technischen Ausbildungsgängen geschaffen, die einmalig in Äthiopien, vielleicht in ganz Ostafrika ist. Zwar gibt es dort einige wenige Technical Colleges, doch denen mangelt es an allernotwendigstem Material, an Maschinen und an Lehrern, sie können ihren Schülern keinerlei Berufserfahrung vermitteln. Im Trainingszentrum in Harar wird zwar auch Theorie gebüffelt, aber ansonsten heißt es: selber machen, selbst mit anpacken, durch Fehler lernen – die Praxis macht den Meister.

Auf dem sieben Hektar großen parkartigen Campus leben 140 begabte Abiturienten aus armen Verhältnissen und lernen in den Sparten Kraftfahrzeug-Schlosserei, Elektro- und Metalltechnik und Elektrik von der Pike auf. Damit auch Äthiopiens Haupterwerb, die Landwirtschaft, nicht zu kurz kommt, schult Dr. Mohammed Abdella, der in Bayern promoviert hat, 120 junge Bauern jeweils in dreimonatigen Öko-Kursen. Auf den Versuchsfeldern lernen sie, mit Mist zu düngen, Schattenbäume zu pflanzen und vielfältige Gemüse anzubauen, im kleinen Versuchsstall gegenüber, wie sie ihr Vieh gesund halten oder wie man mit dem richtigen Bienenkorb 20 statt vorher nur sechs Kilo Honig erntet. »Die Bienen fliegen immer zu den Reichen«, heißt ein altes äthiopisches Sprichwort, »aber wir zeigen den Jungen hier, dass sie zu den Klugen fliegen«, sagt Dr. Mohammed.

Das Trainingszentrum sieht aus wie ein englisches College, nur viel einfacher und bescheidener, eben der afrikanischen Landschaft angepasst. Lehrer und Studenten wohnen auf dem Campus. Die Ausbildung ist frei, die Schülerinnen und Schüler zwischen 18 und 25 sind in einfachen Bungalows untergebracht, müssen ihre Blaumänner selbst am Waschstein auswaschen. »Das können wir besser als die Jungen«, kichert Elisabeth, 18, Metalltechnikerin im ersten Lehrjahr. Es heißt, dass Mädchen, die so einen modernen Männerberuf ergreifen, keinen Mann finden? Da wird Elisabeth ein wenig verlegen. Natürlich, ihre kleineren Schwestern sind eh schon mit 15 und 16 verheiratet. »Aber ich wollte bis zum Abschluss zur Schule gehen. Ich wäre gerne Lehrerin geworden, aber ich hatte kein Glück. Nun bin ich froh, dass ich hier bin«, sagt Elisabeth. Zu Hause müsste sie sonst Feuerholz holen und Wasser vom Brunnen schleppen. »Aber wenn ich fertig bin mit der Lehre, gehe ich wieder in das Dorf zurück, um als Technikerin den Leuten zu helfen.«

Das Schulungszentrum ist ländlich. Hier gibt es keinen Fernseher, kein Kino, kein Café und keine Kneipe. Was machen die Studenten in ihrer Freizeit? »Wir lesen und büffeln, denn wir müssen viel Stoff nachlernen«, sagt Elisabeths Kommilitonin Mulu, die gerade das spartanische Sechser-Zimmer ausfegt, »die Jungen spielen gerne Basketball auf dem Sportplatz. Ich gehe lieber mit meinen Freundinnen spazieren.« Die Mensa, wo Köchin NGedda ein schmackhaftes Essen mit Gemüse aus dem Versuchsgarten zubereitet, ist ein beliebter Treffpunkt.

Für Karlheinz Böhm ist das Agrotechnische Trainingszentrum das »wichtigste Projekt überhaupt«. Dass das äthiopische Kultusmi-

Äthiopische Lehrlinge für Maschinenschlosser im ATTC.

Angehende Elektrotechniker im ATTC.

nisterium die Ausbildungsstätte kürzlich zum Trainings-College mit anerkannten Abschlussdiplomen aufgewertet hat, freut ihn besonders: »Die haben die Richtigkeit des Konzepts erkannt.« Noch leben 84 Prozent der äthiopischen Bevölkerung weitgehend als Bauern und Selbstversorger, aber die Landflucht der Jugend in die Städte nimmt dramatische Ausmaße an, wie überall in Afrika. Für die meisten Jugendlichen, die kaum die Schule besucht und keine Berufsausbildung haben, ist die Misere in den Slums vorgezeichnet. Da haben es die ATTC-Abgänger besser, denn 98 Prozent von ihnen erhalten sofort eine Anstellung in Kleinindustrie und Handwerk. Im vergangenen Jahr erzielte sogar erstmals ein Mädchen, die begabte Zufan, den besten Abschluss in Metallverarbeitung. Sie bekam prompt eine Anstellung bei Ethiopian Airlines in Addis Abeba.

»Dieses Schulungszentrum ist unser Beitrag, damit sich die junge Generation nicht den Hals bricht, wenn sie vom Kamel oder Ochsen auf den Traktor umsteigt«, sagt Böhm. Die Idee sei aus der Arbeit mit den umgesiedelten Halbnomanden im Erer-Tal gewachsen. »Auch in Äthiopien werden Hacke, Eisenpflug und Sichel in Zukunft mehr und mehr von Maschinen ersetzt werden. Ich habe gesehen, wie schnell ein zehnjähriger Nomadenjunge lernt, Traktor zu fahren. Aber man muss ihm auch beibringen, wie man eine solche Maschine repariert oder wie er das Geld verdienen kann, um die teuren Ersatzteile zu beschaffen.«

»In Äthiopien leben die meisten Bauern noch im Feudalzeitalter, es gibt nur eine winzige Kleinindustrie, wir sind total importabhängig«, erklärt Dr. Girma GebreSelassie, der Direktor des Trainingszentrums. »Handwerk hat hier keinen goldenen, ja eigentlich überhaupt keinen Boden, es existiert ja kaum. Von Facharbeitern ganz zu schweigen.« Die wenigen Schmiede, Gerber, Weber und Töpfer auf den Dörfern leben wie im Mittelalter, sie gelten traditionell als minderwertige Kaste, ihre Angehörigen sind angeblich vom bösen Blick verfolgt. Natürlich importiert auch ein armes Land wie Äthiopien moderne technische Gebrauchsgüter vom Wagenheber bis zum Taschenradio, vom Telefonkabel bis zum Auto, aber niemand kann einen tropfenden Wasserhahn reparieren, geschweige denn moderne Technik warten! »Diese lebensgefährliche Lücke in unserer Wirtschaft soll unsere praxisbezogene Fachausbildung schließen«, sagt Dr. Girma. Der frühere Dozent für Wirtschaft und Informatik an der Universität Bremen, übrigens ein Spross der kaiserlichen äthiopischen Familie, weiß, wie wichtig Know-how und eine moderate Industrialisierung für seine Heimat sind.

In der geräumigen Werkhalle schmirgeln, feilen, sägen rund 20 Studenten des ersten Metall-Lehrjahrs ihre Winkeleisen und Gewinde an Schraubstöcken. Sie alle haben einen schwierigen Eignungstest und ein hartes Bewerbungsgespräch hinter sich. Nur 75 von 400 konnten aufgenommen werden und die Behörde musste zusätzlich bestätigen, dass die Kandidaten aus finanziell schwachen Familien kommen. »Erst müssen wir den richtigen Schliff lernen, hier zählt Präzision, wie ich sie zu Hause nie kannte«, erklärt Tewodros und feilt an einem Gewinde. »In den nächsten Wochen muss ich ein Probestück fertigen, in Handarbeit«, ruft er mir durch den Lärm der Werkstatt zu, »erst im zweiten Jahr dürfen wir zu Mr. Peter an die elektrischen Maschinen!«

»Die Jungs sind ungeheuer motiviert, die kennen hier kein ›Null Bock‹«, sagt der grauhaarige Werkstattleiter Peter Wolfer, der schon für die GTZ, die Gesellschaft für Technische Zusammenarbeit, von Nigeria bis zur Südseeinsel Tonga Jugendliche an den Drehbänken und Schweißgeräten ausgebildet hat. Er ist einer jener Dritte-Welt-Pioniere, der sich nach zig Auslandsjahren eigentlich schon längst mit seiner Frau am Plattensee zur Ruhe setzen wollte. Er hat das Trainingszentrum mit aufgebaut, war dann woanders, als Böhm ihn doch wieder bat, »nur noch für ein oder zwei Jährchen runterzukommen«, um das ATTC zu einer Toppeinrichtung zu machen. »Das schaffen wir«, meint Wolfer, »die deutsche Industrie hat uns eine Eins-A-Ausrüstung gespendet. Wo sonst haben die Äthiopier die Chance, mit tollen Maschinen zu lernen?« Hat er noch Pläne? Ja, den Studenten die Aluminium-Schweißtechnik beizubringen. »Dann können sie genauso viel wie die Jungs bei uns zu Hause.«

Tewodros zeigt mir die kleine Halle, in der die Gesellenstücke der Abgänger ausgestellt sind. Eine kuriose Ausstellung von Alltagserfindungen, die das Land gut brauchen könnte: vom Erdnussschäler zur Hohlblock-Formmaschine, von der Ölpresse bis zum Gasflaschen-Trolley, vom energiesparenden Holzkohleofen bis zur verfeinerten Biogas-Anlage. »Das hat Zukunft, denn die Bauern finden Biogas praktisch«, weiß Tewodros, denn schließlich kommt er selber vom Dorf.

Es dämmert schnell über Harar, und immer noch wird in der Autowerkstatt gehämmert. Der Schrott-Toyota, den die Jugendlichen am

Morgen abgeholt haben, ist auf der Hebebühne aufgebockt, doch jetzt sieht das Fahrzeug ganz anders aus. Das Getriebe ist ausgewechselt, die Kotflügel sind ausgebeult, die Haube schließt und der Motor brummt. Stolz stehen die Schüler um ihr recyceltes Produkt, das gerade von Werkmeister Gashahun kritisch begutachtet wird. Kidist, einer der weiblichen Lehrlinge, schüttelt ratlos ihre vielen kleinen Zöpfe: Ihre zuvor sorgfältig manikürten Fingernägel starren vor Schmutz und sind schwarz vor Öl. Ihre Hände sind nicht gerade als zart und fraulich zu erkennen. »Ein gutes Zeichen, Kidist«, meint der Meister lachend. »Wer sich bei uns nicht die Hände dreckig macht, der wird nichts.«

Das Eingangstor
zum neuen Krankenhaus
in Mettu/Illubabor –
dem Mettu-Karl-Hospital.

5. Kapitel

Klinik unter Palmen – das Mettu-Karl-Hospital

Vom Krankenhaus, das krank machte, zur modernen Klinik

Kennen Sie »Klinik unter Palmen«, die TV-Seifenoper, in der ein gebräunter Klausjürgen Wussow alias Dr. Frank Hofmann mit seinem stets gut aufgelegten, gut aussehenden Personal in Hochglanz-OPs die Leben farbiger Menschen rettet, um anschließend am blauen Ozean mit einem Cocktail in der Hand über Glück und Liebe in den Tropen zu philosophieren? In dieser Scheinwelt werden Armut, Hunger und Unterentwicklung der Dritten Welt und ihre Ursachen einfach ausgeblendet. So sehen karibische oder afrikanische Krankenhäuser natürlich nicht aus. Wenn in einem von AIDS, TBC, Malaria und anderen Seuchen und Krankheiten heimgesuchten Land wie Äthiopien ein Arzt auf 32 500 Patienten kommt (in Deutschland gibt es einen Doktor für 380 Einwohner) und der Gesundheitsetat im Jahr 40 Pfennig, also zwei Aspirin pro Einwohner (bei uns 6 295 Mark pro Kopf) beträgt, dann ist das Elend der Medizin vorprogrammiert. Viele Hospitäler auf dem Schwarzen Kontinent gleichen Experten zufolge eher gemeingefährlichen Seuchenherden als Genesungsstätten.

Umso größer waren die Freude und der Jubel, als Karlheinz Böhm zusammen mit seiner Frau Almaz und Professor Leonhard Schweiberer, dem ehemaligen Leiter der Uni-Klinik München, der hier nun als medizinischer Berater fungiert, am 17. Februar 2001 in Mettu, Illubabor, das völlig umgebaute Krankenhaus an die Stadt übergab. Böhm zu Ehren wurde es Mettu-Karl-Hospital genannt. Zur feierlichen Eröffnung waren außer äthiopischen Politikern, Würdenträgern und den Botschaftern der drei Spenderländer Deutschland, Österreich und der Schweiz auch 1 200 Dorfälteste aus der Region angereist, stellvertretend für die 1,2 Millionen Menschen im weiten Urwaldgebiet, denen das Krankenhaus gute Dienste leisten wird. In seiner Ansprache beschrieb Böhm, wie er 1991 ein total verhungertes und TBC-krankes Kind, das nur noch Haut und Knochen war, im damals so verkommenen Hospital fand (siehe auch das folgende Kapitel »Das Mädchen Lettekiros: ›Mein Leben kostete 139 Mark‹«) und wie dessen Rettung der Anstoß zum Neubau war.

Wartende Patienten im neuen Mettu-Karl-Hospital.

Wer einmal Anfang der neunziger Jahre das alte Horror-Spital von Mettu besucht hat, kann die Freude über das neue Gebäude nur teilen. »Das ist Dantes Inferno, das Schlimmste, was Sie je als Journalistin gesehen haben«, hatte Karlheinz Böhm mich damals im Juni 1992 vorgewarnt. Nie werde ich dieses heruntergekommene Haus und den höllischen Gestank vergessen, die verrosteten, teilweise zerbrochenen Kinderbettgestelle, die durchnässten, fauligen Schaumstoffmatratzen, die Kanülen in Petrischalen mit trübwässerigem Bodensatz, die offenbar nicht ausgekocht, geschweige denn sterilisiert wurden. Und das in einer Zeit, in der schon ein Zehntel der Erwachsenen in Äthiopien als HIV-positiv galt. In einer Art Abstellraum stand ein einsames Röntgengerät aus der Zeit des Zweiten Weltkriegs, dessen unkontrollierte Strahlung Patienten und Personal mehr gefährdete als nutzte. »Welcher Mediziner mag hier noch arbeiten?«, fragte mich der damalige junge Chefarzt Dr. Getachew in offener Verzweiflung, »riechen Sie nur, oder halten Sie sich besser die Nase zu.« Der Fäkaliengeruch wehte aus der einzigen, überlaufenden Latrine für 40 schwerkranke Patienten durch die offenen Gänge in die leeren Behandlungszimmer, er zog durch die zerbrochenen Scheiben, er hing in den Fetzen, die wohl mal Gardinen der Krankensäle gewesen waren. Und in dieser dreckigen, heruntergekommenen Umgebung saßen, lagen, starben Menschen, die eigentlich hier genesen sollten.

»Das Krankenhaus war eine Gefahr für Personal und Patienten«, sagt Professor Dr. Leonhard Schweiberer, langjähriges Vorstandsmitglied von *Menschen für Menschen*. Der Münchner Chirurgie-Professor, der eine große Anzahl äthiopischer Patienten, die als hoffnungslose Fälle galten, in Deutschland erfolgreich operiert hat, kam 1992/93 mit einem Ärzteteam nach Mettu – und war entsetzt. Die Mediziner fanden das Medikamentenlager so gut wie leer, das Naht- und Verbandszeug von unglaublicher Dürftigkeit, die Räume zur Wundversorgung in erbärmlichem Zustand. Der augenärztliche Gesundheitshelfer habe in einem Land mit höchster Augeninfektionsrate nur einen alten Hintergrundspiegel zur Diagnose besessen, dessen Batterie am Ende gewesen sei, erinnert sich Leonhard Schweiberer. »Am schlimmsten waren die selbstgebastelten OP-Tische, die mit Pflaster zusammengehalten wurden«, sagt er, »und die OP-Leuchte, in der nur noch eine von ehemals fünf Birnen intakt war.«

Dabei war die Klinik Mettu, 1964, also zu Zeiten Kaiser Haile Selassies, von der Weltbank gebaut und von amerikanischen Baptisten geführt, einmal ein Vorzeigekrankenhaus gewesen. Doch 1975 wiesen die roten Militärs des Mengistu-Regimes alle Ausländer aus und investierten keinen Pfennig mehr in das verrottende Urwaldhospital. »Natürlich mussten wir helfen«, sagt der Professor, »die Frage war nur: abreißen oder umbauen?« *Menschen für Menschen* beschloss sowohl eine Soforthilfe, um den Betrieb aufrechtzuerhalten, als auch den Aus- und Umbau zum modernen 166-Betten-Hospital im ländlichen Pavillon-Stil.

Das Ergebnis kann sich sehen lassen: nach beinahe achtjähriger Um- und Neubauphase, in der der eigentliche Krankenhausbetrieb nicht unterbrochen werden durfte, ist alles fertig. Sogar der Rasen leuchtet wieder tropengrün, lila Bougainvillea und rote Hibisken ranken noch schüchtern an den frisch geweißten Pavillonwänden. Wenn man genau hinschaut, sieht man oben in den wenigen verbliebenen Urwaldriesen im Stadtbereich die Gorezas, Kapuziner-Äffchen mit ihrem seidigen schwarzweißen Fell, die in den Zweigen herumturnen.

Das Mettu-Hospital, das ist kein Geheimnis, war jahrelang das größte, das komplizierteste, das Sorgenkind unter den *Menschen für Menschen*-Projekten. »Wir wollten nicht den gleichen Fehler machen wie die amerikanischen Missionare, wo alles zusammenbrach, als sie gingen«, sagt Karlheinz Böhm. »Es sollte auch keine westliche Hochleistungsmedizin sein, die die Äthiopier weder warten noch bezahlen können und die das Land von teuren ausländischen Apparaturen abhängig macht, sondern eine gute medizinische Grundversorgung für über eine Million Menschen im Umkreis.« Schon das war schwierig genug. »Wir muss-

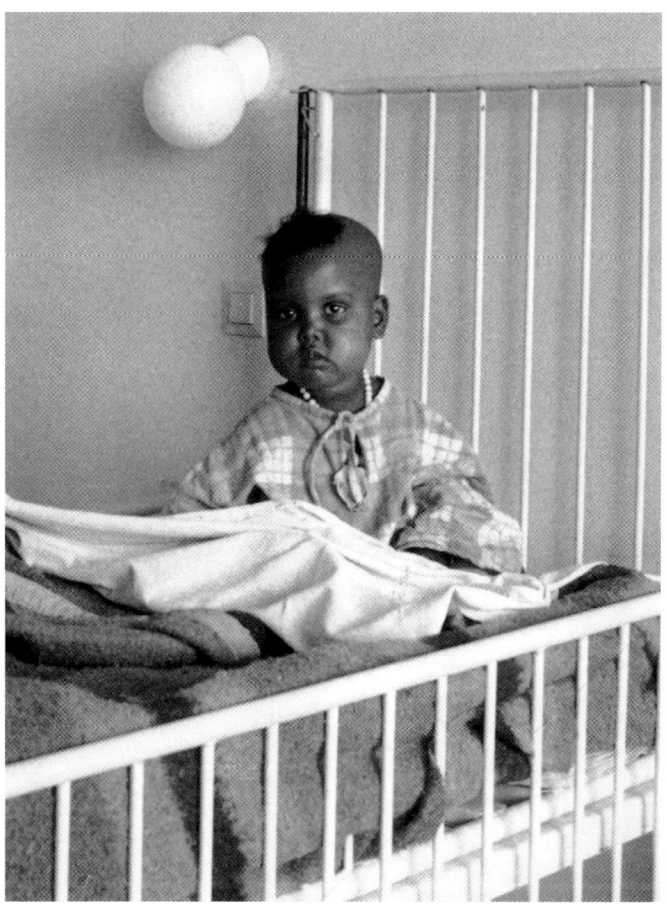

Ein krankes Kind
in einem neuen Bett.

ten aber auch an die medizinische Funktionsfähigkeit in der Zukunft denken«, hält Professor Schweiberer dagegen. »Immerhin sollte das Hospital, bei aller gebotenen Sparsamkeit, eine funktionsfähige Abteilung für Innere Medizin, Chirurgie, Gynäkologie und Neurologie haben.« Dazu kamen ordentliche Behandlungsräume für 300 bis 400 ambulante Patienten täglich, ein Schwesternheim, Personalwohnungen, ein Augen-OP und ein Zahnbehandlungsraum, »in dem die Zähne nicht, wie sonst in Äthiopien üblich, nur gerissen, sondern richtig behandelt werden«, wie Schweiberer sagt. »Die Wünsche wurden halt immer größer!«

Die Kosten auch. Ursprünglich sollte der Umbau zehn Millionen Mark kosten, inzwischen sind es 15 Millionen Mark geworden. Viel Geld für eine Hilfsorganisation, doch ein bescheidener Preis, wenn man bedenkt, dass der Umbau des Hamburger Uni-Krankenhauses Eppendorf mal eben eine Milliarde Mark kosten darf.

Im zweitärmsten Land der Welt, wo es nicht viel mehr als den Sand zum Bauen gibt und jeder Zementsack vom 620 Kilometer entfernten Addis Abeba, jeder Stahlträger und jede Schraube erst per Schiff durch den Suezkanal und dann über Eritrea oder über Djibouti transportiert werden muss, erfordert jedes Bauwerk eine ungeheuer komplizierte Logistik. Äthiopien besitzt 13 000 Kilometer holpriger Pisten mit Querrillen und tiefen Schlaglöchern, die nur von Gelände- und Lastwagen passiert werden können, aber zu jeder Uhrzeit von Bauern und Marktfrauen, Kindern und Hunden, Eseln und Kühen belagert werden und gerade bei Nachtfahrten äußerst unfallträchtig sind (Deutschland verfügt auf einem Drittel der Fläche über ein engmaschiges, gut gewartetes Luxus-Straßennetz von über 630 000 Kilometern, Gemeindestraßen mitgerechnet). Dazu kam, dass im Chaos des fatalen Krieges zwischen Äthiopien und Eritrea 1999 eine Millionenfracht medizinischer Geräte im Hafen von Massawa geplündert wurde. Zum Glück zeigten sich die Versicherungen dem Hilfswerk gegenüber kulant.

Die äthiopische Baufirma – ausländische Fachleute wären um ein Vielfaches teurer geworden – tat sich schwer mit dem Neubau, der für afrikanische Verhältnisse pharaonenhafte Ausmaße hatte. Mettu liegt mitten im letzten Urwaldgebiet Äthiopiens, wo sich Affe und Jaguar gute Nacht sagen und Regenfälle häufig und heftig sind. 18 neue und vier komplett renovierungsbedürftige Pavillons, die alle mit überdachten Fluren miteinander verbunden sind – so eine Großbaustelle, die bei uns in jeder Kleinstadt alltäglich ist, stellt in Äthiopien die absolute Ausnahme dar. Hier hat man, lange Zeit vom ›Ostblock‹ abhängig und international isoliert, wenig Erfahrung mit neuerem Baugerät sowie internationalen Normen und Standards. Während des Baus wurden kaum Maschinen eingesetzt, statt Baggerschaufeln gruben hunderte von Tagelöhnern in Handarbeit, was jedoch ein Segen für die lokale Wirtschaft war. Fehler seitens der Planer waren unvermeidlich. Da wurden Türen zu klein und Flure zu eng und Fassaden nicht wetterfest konzipiert. Als ich im Oktober 2000 das Hospital besuchte, war die nagelneue Küche mit den Indscherra-Öfen rußgeschwärzt – die Ingenieure hatten wohl vergessen, dass jede Kochhütte einen Rauchabzug braucht, erst recht eine große Hospitalküche. Mängel, die inzwischen beseitigt sind. »Hauptsache, die Grundvoraussetzungen für jedes Krankenhaus auf der Welt, also Strom, Wasser und medizinische Abfallentsorgung, sind gelöst«,

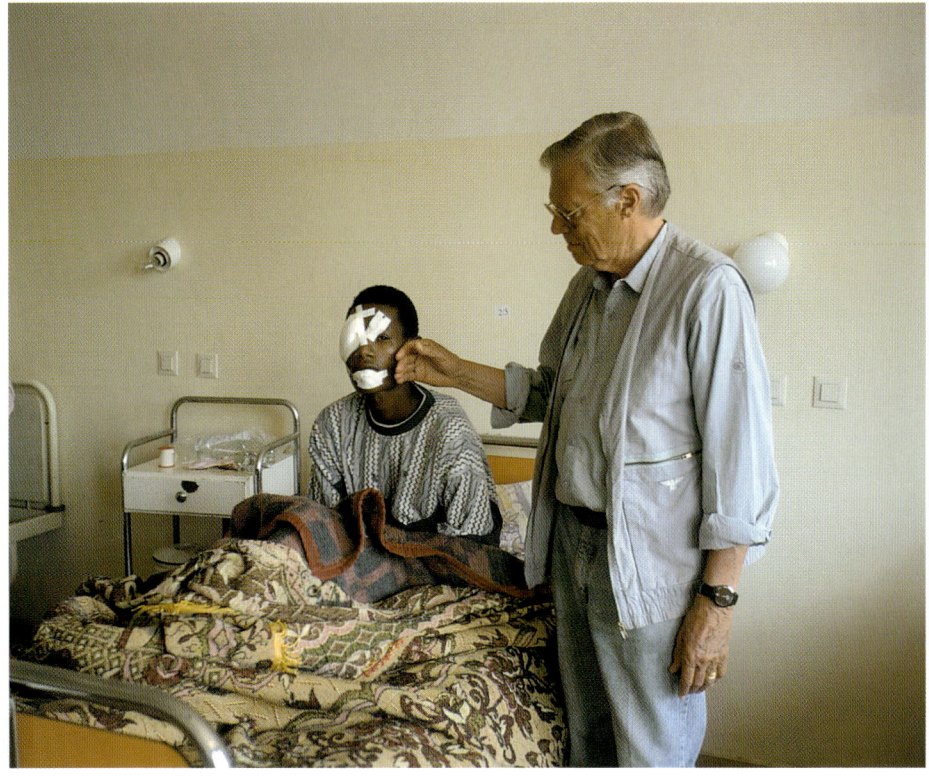

sagt Professor Schweiberer zufrieden, »dann kann das Hospital funktionieren.«

Der Umbau ist beendet, eine Million Äthiopier sind glücklich und zufrieden über das neue Krankenhaus im westlichen Landesteil, aber nun kommt das Wichtigste: Wartung, Wartung und noch einmal Wartung. Und Personalschulung, würde Schweiberer hinzufügen. Deshalb wird der bisherige Krankenhaus-Techniker von *Menschen für Menschen*, Siggi Lubbe, länger als geplant gemeinsam mit seinen äthiopischen Kollegen die Lampen im OP-Saal austauschen, medizinische Geräte reparieren, Ersatzteile anfordern oder den Kurzschluss im Waschmaschinenraum beheben. Der rumänische Chirurg Dr. Iohannes Ignea wird weiterhin Tag und Nacht mit seinen jungen äthiopischen Kollegen am OP-Tisch stehen, während seine Frau, die in England ihr Doktorat in *Public Health* gemacht hat, sich um die Verwaltung kümmert. Drei Monate lang hat der Darmstädter Hygiene-Facharzt Dr. Peter Scheiber, ein alter Afrika-Kenner, Schwestern, Pflegern, Laboranten in Sachen Hygiene und Sterilisation auf die Finger geschaut, »damit die Kranken-

103

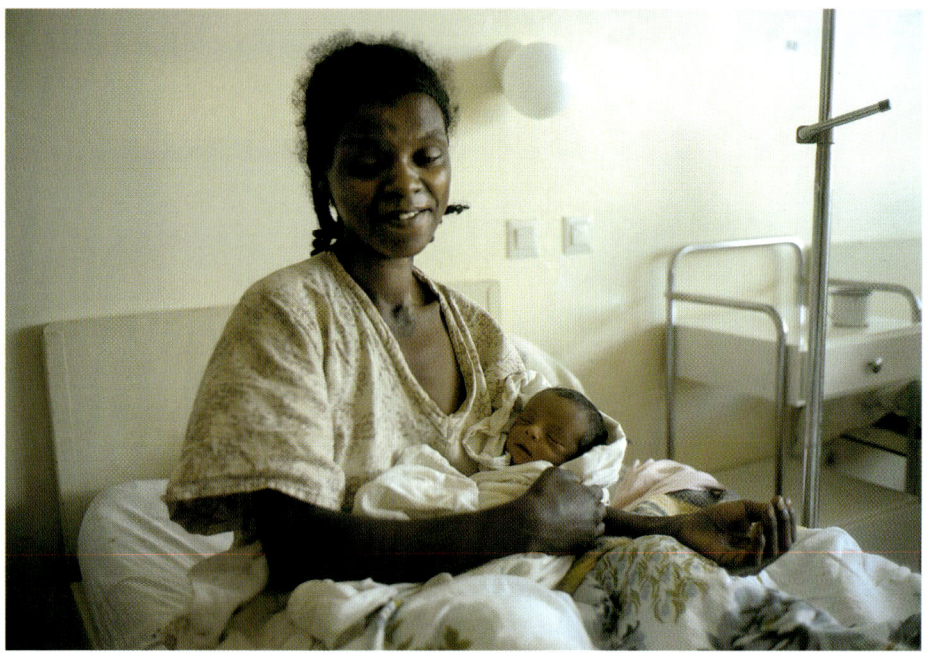

hausinfektionen so gering wie bisher bleiben«. Er hat den Putzfrauen
und Patienten geduldig erklärt, dass schmutzige Schuhe nicht zusammen mit den Essensresten im Nachttisch untergebracht werden, und
dass die Fäkalien in die Latrine, eine Einrichtung, die die Landbewohner nicht kennen, gehören. »Das Wichtigste ist jedoch, dass die Schwestern beim Wechseln der Verbände steril arbeiten«, erklärte mir der Bakteriologe, »und da machen die Leute hier enorme Fortschritte.« Der
äthiopisch-deutsche Mediziner-Austausch hat beiden Seiten Gewinn gebracht. »Es sind oft einfache Dinge, die den dortigen Kollegen sehr viel
helfen«, meinte ein engagierter Chefarzt aus Singen nach einem seiner
Mettu-Aufenthalte. »Das gemeinsame Durchführen von Operationen,
die Beschaffung bzw. das Weiterreichen von Fachliteratur, ein kurzer
Briefwechsel über fachliche Fragen. Man kann sich als Spender daheim
kaum das Ausmaß an Dankbarkeit, Menschlichkeit und die Höflichkeit
dieser Menschen vorstellen«, so ein Chirurg von der Uni-Klinik Ulm.

»Wir wollen aber nicht nur unsere Kollegen nach Afrika runterschicken, sondern vor allem tüchtige äthiopische Ärzte und auch Pfleger,
Schwestern und Laboranten für gezielte Programme hierherholen«,
sagt Professor Schweiberer. »Das ist ein enormer Anreiz für die Leute,
sich bei ihrer Arbeit einzusetzen.« Um die Zukunft des Mettu-Karl-

Hospitals ist dem Professor nicht bang. »Im Moment haben wir das ausgezeichnete rumänische Ärzteehepaar dort unten, aber eines Tages wollen wir uns ja zurückziehen. Und da sehe ich eine neue Generation von äthiopischen Ärzten heranwachsen, die, anders als ihre Vorgänger, die Geschicke ihres Landes in die Hand nehmen wollen.« Keine blitzblanke »Klinik unter Palmen« wie in der TV-Seifenoper, aber ein menschenwürdiges, funktionierendes Krankenhaus im real existierenden Afrika.

6. Kapitel

Das Mädchen Lettekiros: »Mein Leben kostete 139 Mark«

Sie war nur Haut und Knochen, heute ist sie ein fröhlicher Teenager

Vielleicht waren es die großen, verschreckten Augen des Kindes, die Karlheinz Böhm nicht losließen, vielleicht war es auch dieser kleine nackte Körper, der nur noch aus verschrumpelter Haut über spitz hervorstehenden Knochen zu bestehen schien. Vielleicht war es auch seine Wut über den Hunger und die schrecklich ungerechten Verhältnisse dieser Welt, die ihn auch in dieser für alle Beteiligten hoffnungslos erscheinenden Situation zum Handeln trieb. Es war 1991 bei einem von Böhms Besuchen im alten, heruntergekommenen Mettu-Hospital, als er das Mädchen Lettekiros, oder das, was von ihm noch übrig geblieben war, sterbend auf dem verrosteten Bettgestell fand. »Das kann man doch nicht zulassen, dass da ein Kind vor unseren Augen verhungert!«, rief Karlheinz Böhm dem Arzt zu, »könnt ihr denn gar nichts ma-

Lettekiros, dem Hungertod nahe, 1991 im Krankenhaus Mettu (Foto: MfM)

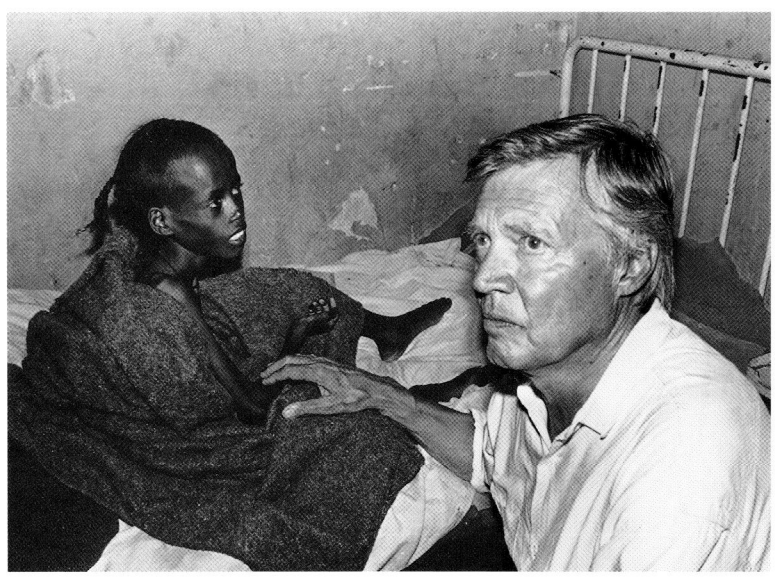

chen?« »Theoretisch schon«, sagte der Arzt nach einigem Zögern, »aber wir haben im ganzen Krankenhaus keine Medikamente mehr.« Böhm erklärte sich sofort bereit, die Kosten für die Medizin von *Menschen für Menschen* übernehmen zu lassen, und schickte einen Mitarbeiter los, sie schnellstens aus den Beständen eines europäischen Ärzteteams zu besorgen. So kam das Mädchen, das im Sterben lag, an den heilenden Tropf.

Zehn Jahre später sitzt mir ein hübscher, fröhlicher Teenager mit vielen geflochtenen Zöpfchen am Tisch gegenüber: Lettekiros. Ist das wirklich das zum Skelett abgemagerte Mädchen im rostigen Gitterbett, dessen Foto durch die Zeitungen ging und so viele Menschen ergriffen hat? »Ganze 139 Mark hat es gekostet, ein kostbares Menschenleben zu retten«, sagt Karlheinz Böhm, als wir uns im Cottage, einem kleinen Restaurant in Addis Abeba, treffen. Lettekiros versteht kein Deutsch, aber sie spürt, dass es um ihre Geschichte geht und senkt den Blick auf den Teller. Doch dann frage ich sie, wie es in der Schule so läuft, und sie erzählt die gleichen lustigen Geschichten wie alle Neuntklässler dieser Welt. Und wo hast du die hübsche Uhr her? Armbanduhren sind für äthiopische Teenager weniger selbstverständlich als Snowboards oder Handys für westliche Kinder. »Von Mami und Papi zum 16. Ge-

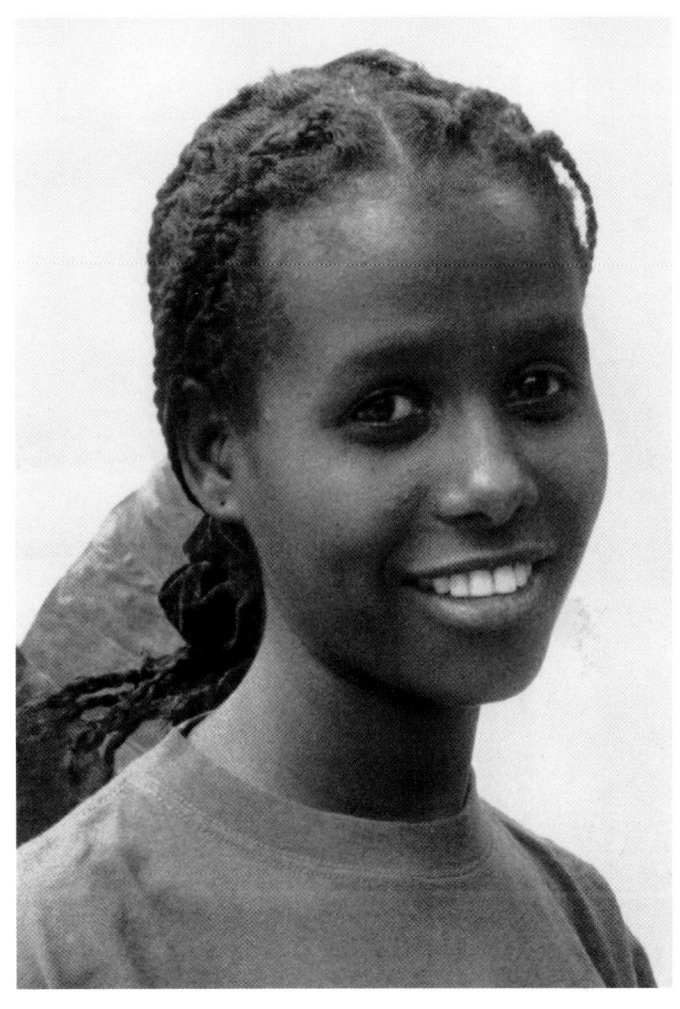

Lettekiros heute.

burtstag«, sagt sie und strahlt Almaz und Karlheinz Böhm, ihre Adoptiveltern, an. Ich frage Lettekiros, ob sie bereit ist, ihre Geschichte zu erzählen. »No, no, no«, sagt sie, »das tut irgendwie weh. Das ist doch auch gar nicht interessant für dich!« Erst als Almaz ihr beruhigend den Arm streichelt, setzt sich Lettekiros neben mich. »Am 10. Mai habe ich Geburtstag, aber das ist nicht mein richtiger Ehrentag, das hat Mama (sie schaut auf Almaz Böhm) nur so für mich ausgesucht. Ich weiß nur, dass ich wahrscheinlich 1984, also im Jahr der großen Dürre, als so viele Menschen starben, in Wollo im Norden Äthiopiens geboren bin.«

Ihre richtige Mutter kennt Lettekiros nicht, die blieb damals in der kargen Heimat, überstand die Dürre und wollte nie wieder Kontakt zu ihrem Mädchen haben. Der Vater nahm das kleine Bündel mit, als er wie Hunderttausende von tigrinischen Bauern 1985 aus den Hungerzonen in den üppigen Urwald von Illubabor zwangsumgesiedelt wurde. Dort hatten die Hungernden nichts als das eigene Hemd am Leib, keine Hacken, keine Hütten, keine Saat und keine Haustiere. Die Welt zeigte damals mit dem Finger auf das grausame Mengistu-Regime, die internationalen Hilfsorganisationen zogen sich sämtlich zurück – bis auf eine. »Für mich gibt es keinen kapitalistischen und keinen kommunistischen Hunger«, sagte Böhm kategorisch und ließ die riesige Hilfsaktion für die Umsiedler anlaufen, die zu einem großen integrierten agro-ökologischen Projekt von Illubabor führte. *Menschen für Menschen* schaffte zigtausend Zugochsen, Pflüge, Sicheln, Hacken, Kochgeräte sowie Saatgut für über 90 000 Umsiedler herbei und schuf die Infrastruktur – Brunnen, Schulen, Krankenstationen, Brücken, Getreidemühlen – für eine ganze Provinz von der Größe Hessens.

Lettekiros' Vater fand eine neue Frau in Illubabor, mit der er einige Kinder hatte. »Meine Stiefmutter war nett«, sagt das Mädchen leise, »sie gab mir auch zu essen, aber wir hatten ja alle zu wenig zum Leben.« Lettekiros hält den Kopf gesenkt. Eine gute äthiopische Tochter wird nie ihren Eltern einen Vorwurf machen, behaupten, man habe ihr über Jahre nur die Reste der Reste von den Stiefgeschwistern in der Schüssel gelassen. Dass sie so abmagerte und am Ende mit sieben Jahren nur noch neun Kilo wog, soviel wie ein normaler halbjähriger europäischer Säugling, daran seien Vater und Stiefmutter nicht schuld, niemals. »Ich bekam einen Schnupfen und dann konnte ich kein Essen mehr bei mir behalten«, beharrt Lettekiros.

»Tatsache ist, dass das Kind TBC hatte und Marasmus, das ist die schwerste Form von Unterernährung überhaupt«, erzählt mir Karlheinz Böhm. Aber er macht den Eltern keinen Vorwurf, es verhungerten so viele in diesen grausamen Jahren, »immerhin hat der Vater das Mädchen ins Krankenhaus gebracht und saß hilflos und gramgebeugt am Bett seines Kindes«. »Ich ahnte, dass ich nur noch wenige Stunden zu leben hatte, meistens war ich wohl bewusstlos«, sagt Lettekiros, »aber irgendwann spürte ich, dass dieser fremde Weiße da um mein Leben kämpfte.« »Lettekiros, du musst mithelfen, dass du gesund wirst!«, sagte er ihr. Lettekiros kam sehr langsam wieder zu Kräften.

Nach vier Monaten konnte sie das erste Mal wieder aufstehen und ein paar Schritte gehen, nach sieben Monaten wurde sie entlassen. »Dreieinhalb Jahre war ich erst im Waisenheim Yaju, aus dem das schöne neue Abdi-Bori-Kinderheim in Mettu wurde«, erzählt Lettekiros. Dann kam sie nach Addis Abeba in das berühmte Waisenhaus von Frau Abebech, eine Einrichtung, die *Menschen für Menschen* seit langem unterstützt (siehe Kapitel 7 »Sie legen mir immer mehr AIDS-Waisen vor die Tür«). Aber im Innersten gab Lettekiros ihren Plan, ihrem Lebensretter und seiner Familie nahe zu sein, nicht auf.

Das Mädchen, das auf den ersten Blick so schüchtern wirkt, weiß seine Ziele beharrlich zu verfolgen. Im Juli 1998 wurde Lettekiros von Almaz und Karlheinz Böhm als Adoptivtochter in ihrem Haus in Addis Abeba aufgenommen. »Wenn Mami und Papi und Niki und Aida (die Böhm-Kinder, d. Red.) hier in Addis sind, bin ich glücklich, aber ich weiß, dass sie oft in Salzburg sind, wo meine Geschwister zur Schule gehen und meine Eltern arbeiten müssen«, sagt sie unbeschwert. »Dann passe ich hier mit Mammita, der Haushälterin, auf unser Heim auf.«

»Lettekiros ist eine eifrige Schülerin, gibt sich große Mühe in Mathematik und Englisch. Falls ihr Abschlusszeugnis gut genug wird, möchte sie Ärztin werden, am liebsten Kinderärztin. Falls sie nicht studieren könne, dann werde sie sich um einen Job bei *Menschen für Menschen* bewerben, um anderen zu helfen. »So wie Papi«, sagt sie stolz. Als wir uns nach dem Essen verabschieden, sehe ich, wie klein Lettekiros ist. Keine anderthalb Meter groß. »Ich werde immer so winzig bleiben, haben die Ärzte gesagt«, erklärt die 17-Jährige und schüttelt ihre Zöpfe, »aber das macht mir nichts aus. Auch kleine Menschen können Großes schaffen.«

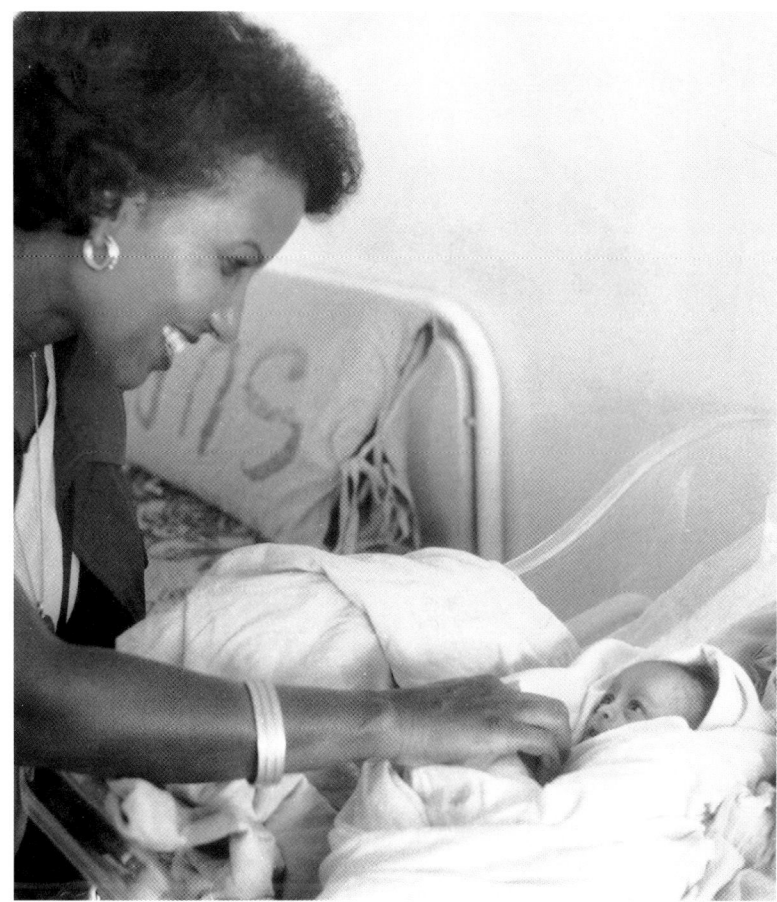

Almaz bei einem Neugeborenen im Mettu-Karl-Hospital.

Acht Jahre blind:
»In zwanzig Minuten kann ich wieder sehen!«
Mit einer Spende von acht Mark retten Sie
einem Menschen das Augenlicht

Die Bäuerin Talema liegt auf dem Untersuchungsbett. Normalerweise trägt die 38-jährige Frau aus einem Dorf in Merhabete immer dasselbe lilagrüne lange Baumwollgewand und immer dasselbe schwarze Kopftuch fest um die Haare verknotet. Jetzt haben ihr die Schwestern ein steriles Haarnetz übergestülpt und einen grünen Kittel übergestreift. *Menschen für Menschen*-Krankenpfleger Sisay spritzt ihr ein Beruhigungsmittel und träufelt ihr anästhesierende Tropfen in die Augen. »Ein bisschen Angst habe ich schon«, sagt die Blinde, als ihr der Pfleger ein Stück Gaze über die Augen drückt, »aber ich würde alles tun, um die Sonne wieder sehen zu können.« Sie hält Sisay am Kittel fest: »Stimmt es wirklich, dass ich in ein ganz klein wenig Zeit, also bevor die Sonne im Mittag steht, wieder sehen kann?« »Zwanzig Minuten dauert der Eingriff«, sagt Sisay, »dann ist alles o.k., aber zwei Tage müssen wir dir die Augen mit einer Binde zukleben, damit keine Keime in die Wunde kommen.«

Talema seufzt zufrieden wie jemand, der endlich am Ziel ist. Vor ein paar Monaten hat sie in ihrem abgelegenen Dorf von einem alten Mann gehört, der auch blind war und bei den *Menschen für Menschen* das Sehen wiedergeschenkt bekam. Ohne dass er einen Birr dafür zahlen musste. »Du musst zur lokalen Krankenstation gehen und auf den Mann mit dem weißen Kittel und dem Licht in der Hand warten«, riet ihr der Alte. Dreimal machte sich Talema, geführt von einer ihrer Töchter, auf den langen Fußmarsch, dreimal war es umsonst. Sie wollte schon aufgeben, sich auf ihr Schicksal als eine alte unnütze Esserin in ihrer Bauernfamilie einstellen. Da kam der tüchtige Krankenpfleger Sisay doch noch mit dem Ambulanzfahrzeug vorbei. Er untersuchte sie und gab ihr und etwa zehn Leidensgenossen einen Operations-Termin. Talema war so aufgeregt, dass sie zwei Tage zu früh kam. Ihr Ziel war nicht etwa ein komfortables Krankenhaus, sondern der ambulante OP in einem Container, gleich neben den Büroräumen von *Menschen für Menschen* auf dem Compound von Alem Katema. »Der graue Star (Katarakt) ist die häufigste Erblindungsursache in Afrika«, weiß Pfleger Sisay, der seit vielen Jahren auf dem Land die Voruntersuchungen leitet. Doch während die Patienten in Europa rechtzeitig operiert werden, haben die meisten Leute hier keine Chance. »Dabei ist die Operation relativ einfach, risikolos und erfolgreich,« erklärt mir eine Schwester. »Wir entfernen die getrübte Linse und ersetzen sie durch eine aus Kunststoff. Nach wenigen Minuten ist das Auge vernäht, zwei Tage später kann der Patient wieder sehen.« Talema liegt still und gottergeben auf der Trage.

Die Tür zum Operationssaal geht auf. Dr. Mulu Admaso, ein Augenspezialist aus Addis Abeba, der einmal alle 14 Tage für *Menschen für Menschen* ins abgelegene Merhabete kommt, tritt in grüner OP-Kleidung auf Talema zu. Er verliert nicht viel Zeit mit Worten, denn er hat an diesem Morgen 15 Operationen durchzuführen. Gerade begleitet die Schwester einen alten Mann heraus, der vor Benommenheit schwankt und sich für einen Moment im Vorraum niederlässt. »Das war auch ein grauer Star«, sagt die Schwester, »wollen Sie bei der nächsten Operation zusehen?«

Im improvisierten OP-Saal ist es heiß, es gibt keine Klimaanlage. Es riecht nach Desinfektionsmitteln. Talema liegt ruhig da. Jetzt sägt die OP-Schwester die Ampulle an und zieht die Spritze auf, Doktor Mulu tritt an Talemas Stirnseite und injiziert der Bäuerin eine Flüssigkeit – mitten in den Augapfel. Ob es die Hitze ist, der Geruch oder weil mir die Gesichtsmaske die Luft wegnimmt, ich spüre, wie meine Füße weich werden. Jetzt sehe ich durch die beleuchtete Augenlupe, wie der Arzt sein Skalpell am Augapfel ansetzt, als ob er nur mal eben eine Orange aufschneide. Sekunden später holt er die kirschkerngroße Linse aus der Wunde, hält sie triumphierend ins Licht und lässt sie in der Abfallschale verschwinden. »A nasty little thing«, murmelt er, ein böses kleines Ding. Er setzt eine Kunststofflinse ein und greift zu Rundnadel und Nähfaden. Der Faden sieht ganz wie bei mir zu Hause im Nähkästchen aus, denke ich. Doch da kommt mir plötzlich der Fußboden entgegen, eine der Schwestern packt mich gerade noch rechtzeitig am Arm und bringt mich rasch aus dem OP. Es ist mir peinlich, quasi wegen nichts der Ohnmacht nahe zu sein, wo es doch für die äthiopischen Patienten ums Ganze geht. Doch Dabasch, die nette Schwester, fächelt mir mit einem Krankenblatt Luft zu.

Der nächste Patient wird neben mir vorbereitet. »Ein Trachom«, sagt Sisay, »die häufigste Augenkrankheit bei uns. Man nennt sie auch die ägyptische Krankheit.« Die Erreger sind Clamydien, Bakterien, die immer wieder zu Entzündungen führen. Dabei vernarben die Augenlider, die Wimpern drehen sich nach innen und zerkratzen die Hornhaut bis zur Erblindung. Viele Millionen Menschen in Sahel leiden an dieser Volkskrankheit. »Er kam zum Glück rechtzeitig«, sagt Sisay und zeigt auf den Patienten. »Ein kleiner Schnitt ins Lid, ein paar Stiche, und dann hat unser Mann wieder die volle Sehkraft.«

Die Tür öffnet sich, die Bäuerin Talema schwebt heraus, mit ihrem schwarzen Augenverband sieht sie wie Justitia aus. »Du musst morgen und übermorgen zur Kontrolle kommen«, schärft Sisay ihr ein, »dann ist alles verheilt und du kannst wieder richtig sehen.« »Ein glücklicher Tag«, sagt die Frau und streckt beide Hände in Richtung Himmel. Die 9746ste gelungene Augenoperation von *Menschen für Menschen*. Jedes kleine Stück Glück für ganze acht Mark.

7. Kapitel

»Sie legen mir immer mehr AIDS-Waisen vor die Tür«

Frau Abebechs Muster-Kinderheim vor neuen Herausforderungen

Baby Chala schnieft durch die verstopfte Nase und schaut sich mit großen Augen um. Der kleine Kahlkopf ist das jüngste von Frau Abebechs Heimkindern. Mit seinen 14 Monaten macht er noch keine Anstalten zu krabbeln oder gar zu laufen, aber als andere Kleinkinder sich im Laufstall freundschaftlich neben ihn plumpsen lassen, setzt er sich auf und strahlt über beide Ohren. »Er ist ein AIDS-Baby«, sagt Frau Abebech und nimmt den Kleinen liebevoll auf den Arm. »Die Eltern sind vor einem Jahr an der Seuche gestorben, sein Zwillingsbruder hat nur ein paar Wochen bei uns überlebt, aber der hier«, sie tätschelt Chala den wohlgenährten Bauch, »der hat eine ganz gute Konstitution.« In den letzten Monaten hat sich Chalas Gewicht von viereinhalb auf neun Kilo verdoppelt – einfach dank der guten Ernährung und Pflege im Heim. Für die tausend Dollar teuren Virus-Blocker pro Monat hätte in Äthiopien ohnehin niemand das Geld. Und dass die ausländische Medizin so unverhältnismäßig teuer ist, weil die westlichen Pharma-Unternehmen ihre Patente nicht mit der so genannten Dritten Welt teilen, weiß auch Mrs. Abebech, aber sie hat gar keine Zeit, darüber nachzudenken, vor lauter Not und Notwendigkeiten.

220 Waisenkinder vom Babyalter bis zum 17. Lebensjahr leben in ihrem Heim. Dazu kommen 280 Externe aus der bettelarmen Nachbarschaft, die auch Mrs. Abebechs Schule und Kindergarten besuchen. Man erkennt sie an den roten Schulpullovern, wenn sie in meist viel zu kurzen geflickten Hosen durch die Blechhütten-Gassen des Viertels streifen. Obendrein muss sich die Ziehmutter noch um die Ausbildung der Größeren Gedanken machen, denn wenn sie 17 und mit der Schule fertig sind, müssen sie, meist unter Tränen, das Heim verlassen. Es gibt

so viele verlorene Kinder in Äthiopien, die einen Platz an der Sonne brauchen. Und Hunderttausende, denen sie nicht helfen kann und die auf der Straße enden. »Früher habe ich nur die hungernden Kinder eingesammelt, jetzt legen sie mir immer mehr AIDS-Babys vor die Tür«, sagt sie und breitet hilflos die Arme aus. »Warum gibt es immer mehr und nicht weniger Not in Äthiopien?«

Frau Abebech, um die 60, führt uns durch die flachen Baracken des Waisenhauses »Bruh Tesfa«, das sie vor 17 Jahren in einem der ärmsten Viertel von Addis Abeba gegründet hat. Alles ist einfach, aber wohl durchdacht. In jedem Zimmer stehen zwölf Gitterbetten, aber jedes Kind hat ein eigenes Kuscheltier und eine bunte Decke. In der Küche wird auf großen energiesparenden Herden Indscherra gebacken. In der Speisekammer findet sich ein beruhigend großer Vorrat an Linsen, Bohnen und Mehl. Frauen aus der Nachbarschaft helfen ihr in der hauseige-

nen Getreidemühle. Das schönste ist der große Garten, in dem die Schüler lernen, unterschiedliche Gemüsesorten anzubauen, in dem die Kolibris zwischen den Hibisken flattern und der Jasmin versöhnlich zwischen den Baracken rankt.

»Es war 1984 bei der großen Hungersnot in Wollo und Tigre«, erzählt die mütterliche Äthiopierin, die damals von ihrer Kirchengemeinde nach Norden geschickt worden war, »da sah ich ein Baby an der Brust seiner leblosen Mutter saugen, weiß Gott, wie lange die Frau schon tot war.« Damals beschloss die Frau, die selber keine Kinder hatte, als gute Christin zu handeln – gegen die Bürokratie und das Mengistu-Regime – und schmuggelte das Baby, das sie Bethlehem nannte, in der Reisetasche nach Addis Abeba. Bald hatte sie 20 Waisenkinder aus dem von Dürre betroffenen Norden in ihrem Haus. Und immer wieder brachten Missionare und Entwicklungshelfer irgendwelche Waisen an.

Mitarbeiterinnen von Abebech Gobenas Selbsthilfeorganisation beim Sortieren getrockneter Fruchtkerne.

»Anfangs stand ich völlig alleine da, nur meine zwei Hausangestellten halfen mit, doch die verstanden ja nichts von Kindern«, sagt die Frau aus guter Familie, die damals noch bei einer Exportfirma angestellt war. Ihr Mann wollte nichts von kleinen verlausten und verrotzten Wickelkindern wissen und verließ sie. Auch ihre Familie erklärte sie für verrückt, die Nachbarn stellten sich gegen sie. Frau Abebech musste ihr Haus und ihren Schmuck verkaufen, doch es reichte noch nicht einmal, um ihre Hilfen zu bezahlen oder den Kindern mehr als eine warme Mahlzeit zu geben. »Ich war oft genug verzweifelt, aber mit Gottes Hilfe konnte ich weitermachen«, sagt sie schlicht.

»Erst seit *Menschen für Menschen* uns unterstützt, kann ich ruhiger schlafen«, erzählt Frau Abebech. »Ich weiß noch, wie Mr. Karl das erste Mal kam, das muss wohl zehn Jahre her sein. Wie er unser Kinderelend hier sah, fing er an zu weinen.« Doch als Böhm die Waisenhausleiterin spontan fragte: »Könnten Sie mit 100 000 Birr (30 000 Mark) ein richtiges Kinderheim aufbauen?«, bekam die gute Frau einen Schreck. So viel Geld für ihre Kinder! Frau Abebech hat nicht nur ein großes Herz, sie ist auch eine weise Unternehmerin geworden. Inzwischen ist Bruh Tesfa, das soviel wie Hoffnung heißt, ein anerkanntes Waisenhaus mit vielen internationalen Freunden und Sponsoren geworden, auch die Lufthansa-Angestellten, die Addis Abeba anfliegen, kommen immer wieder mit einer Spendentüte vorbei.

Frau Abebech, die wie eine behäbige italienische Mama wirkt, eben nur etwas dunkelhäutiger, weiß jedoch, dass sie nicht nur an ihr Heim, sondern vor allem an die Zukunft der Kinder denken muss. Sie zeigt uns die Sparbücher, auf denen jedes Mädchen und jeder Junge durch kleinere Arbeiten im Heim im Laufe der Jahre ein Guthaben zusammenträgt. Eine geradezu revolutionäre Idee in einem Land, in dem die Banken normalerweise nichts für arme Leute übrig haben. Die paar hundert Mark, die sich pro Kind ansammeln, wären in Deutschland nicht der Rede wert, in Äthiopien reichen sie schon zur bescheidenen Existenzgründung. In den letzten Jahren hat Frau Abebech auf ihrem Grund Lehrwerkstätten für Bambustischlerei, Weberei oder Spinnerei eingerichtet, in denen bereits die erste Generation von Abebech-Kindern werkelt. Eine Landwirtschaft außerhalb von Addis Abeba soll die Grundversorgung an Lebensmitteln sichern. Dazu kommen neuerdings ein kleiner Foto-Shop und ein Friseursalon, denn »Berufsbildung ist das,

Die in Beuteln
abgepackten Waren
werden im organisations-
eigenen Laden von
Abebech Gobena
verkauft.

Die von MfM mit-
unterstützte Organisation
von Abebech Gobena
betreibt auch einen
Friseurladen.

was unserer Gesellschaft am meisten fehlt«, sagt sie, als wir in ihrem schlicht eingerichteten Büro sitzen – auf den hausgemachten Bambusstühlen natürlich. Für 45 Mark kann man die Möbel im kleinen Laden nebenan auch kaufen.

Eine junge Frau nähert sich Frau Abebech respektvoll mit einem Knicks und serviert uns Gewürztee. »Das ist unsere Asseb«, stellt die Leiterin ihre junge Mitarbeiterin mit dem Adlerblick und den flinken Bewegungen vor, »nachdem beide Eltern gestorben waren, schlug sie sich vor neun Jahren mit ihren zwei kleinen Brüdern und Schwestern zu mir durch, alle waren völlig entkräftet, ihr Leben hing am seidenen Faden.« Heute verdient die 19-jährige Asseb als Mitarbeiterin im Waisenhaus gerade genug, um sich in der Nähe von Bruh Tesfa eine kleine Hütte mieten zu können, wo sie wie eine Mutter für ihre Geschwister sorgt. »Sie ist ein gutes Mädchen mit viel Organisationstalent«, sagt Frau Abebech, als Asseb gerade aus dem Zimmer gegangen ist, »vielleicht wird sie eines Tages meine Nachfolgerin.« Sie seufzt. In den letzten Jahren haben die Schützlinge mehr als einmal um das Leben ihrer Ziehmutter gebangt. Frau Abebech war so schwer herzkrank, dass sie an manchen Tagen nicht einmal mehr ihr Bett verlassen konnte. Doch Karlheinz Böhm, den sie einen guten Freund und Seelenverwandten nennt, konnte helfen.

»Dank des netten Professors Schweiberer bin ich in München operiert worden«, erzählt sie, »seither bin ich wieder gut drauf. Sehen Sie, so hat *Menschen für Menschen* mich schon wieder gerettet.« Zum Beweis ihrer wiedergewonnenen Gesundheit geht Frau Abebech in den Garten. Seit sie in Deutschland war, trägt sie nicht mehr das traditionelle schwarze Kopftuch und die Blümchenkleider, sondern einen rotblauen Trainingsanzug, keine Galoschen ohne Schnürsenkel mehr, sondern Slipper. Sie schnauft auch kaum noch, sondern geht beinahe leichtfüßig durch den Garten. Vor den Baracken hat Asseb, die eben noch so schüchtern wirkte, alle 220 Kinder antreten lassen. Ein bisschen zu militärisch für unseren Geschmack, aber das selbstgedichtete Lied ihrer Schützlinge ist anrührend. »Du hast uns das Leben gerettet, du hast uns bei dir aufgenommen«, singen die Kinder im Chor, »aber was würdest du sonst ohne uns anfangen?« »Stimmt«, sagt Frau Abebech, »was würde ich ohne euch machen!«

Gegenüber liegende Seite:
Frauen beim Zermahlen getrockneter Kerne in Frau Abebechs Heim.

8. Kapitel

»Mann, warum hast du Papis Uhr geklaut?«
Berhanu Negussie über einen beinahe tödlichen Raubüberfall

Der Weg nach Derra führt ans Ende der Welt. Wild ist die Landschaft und von karger Schönheit. Von Alem Katema, der Lehmhütten-Hauptstadt von Merhabete, geht die Staubpiste steil hinunter zum Wontschit-Tal, dessen schwarze Geröllufer in der Ferne einen Grünstreifen freigeben: das zweite große Bewässerungsfeld von *Menschen für Menschen*. Auf einer Pionierbrücke überqueren wir den Quellfluss des Blauen Nils, der heute so zahm und harmlos aussieht. »In der Regenzeit überschwemmen die Wassermassen die Brücke und reißen das Geländer weg«, sagt Berhanu Negussie, 43, der Projektmanager von Merhabete, der vor 20 Jahren mit Karlheinz Böhm im Erer-Tal begann. »Dann kommen unsere Lastwagen mit Hilfsgütern für die Region Derra manchmal wochenlang nicht durch.«

Derra lag wirklich bis vor kurzem abseits der zivilisierten Welt. Dort gab es nur bettelarme Bauernfamilien mit ihren Kindern, Ziegen und Rindern. Ein paar Felder, auf denen sich mehr Steine als Halme fanden. Ein paar Geier und Steppenadler ließen ihre Schatten über den Schluchten und Steinwüsten kreisen. Es gab keine Elektrizität, kaum Schulen, wenige Brunnen, die zum großen Teil noch verschmutzt waren, und nicht einmal die bescheidenste Krankenversorgung. Wer krank war, starb – oder aber er kam durch. Einen Zustand dazwischen gab es nicht. Doch als die Bauern hörten, wie gut die *Menschen für Menschen*-Projekte im benachbarten Merhabete gediehen, nachdem sie mit eigenen Augen gesehen hatten, wie sich die verkarsteten Hänge jenseits des Wontschit begrünten, die Menschen und Rinder mehr Fett auf die sonst so mageren Rippen bekamen und die Kinder dort allesamt zur Schule gingen, schrieben die Dorfältesten an Karlheinz Böhm. Als er 1999 in den Marktflecken Gundo Meskal – man kann es kaum als Stadt bezeichnen – kam und versprach zu helfen, brach ein so gewaltiger Jubel aus, dass die Geier auf den Blech-

und Lehmhäusern erschreckt die Flucht ergriffen. »Seither hat sich schon viel in Derra getan«, sagt Berhanu stolz, »neue Schulen, mobile Krankenstationen, saubere Brunnen. Aber das Tollste ist der Generator, der in den Abendstunden Licht gibt und den übrigens die Uni-Klinik Ulm spendete. Für die Menschen dort ist es ein Sprung von tausend Jahren.«

Wir sind im Morgengrauen gestartet, haben die Sonne dann unten am Wontschit aufgehen sehen, sind mit dem Geländewagen den Steilhang wieder tausend Meter hinaufgeklettert und fahren jetzt über eine weite Hochebene, trockenes Buschland mit vereinzelten Felsengruppen. Eine Kulisse wie Death Valley oder die Mojave-Wüste in den Vereinigten Staaten. Wir sind drei Stunden Staubpiste von Alem Katema und an-

Berhanu (links).

derthalb vom Ziel entfernt und haben außer ein paar Hirten keine Menschenseele gesehen. »Wird gleich die Postkutsche überfallen?«, necke ich Berhanu. Doch der Äthiopier, sonst immer zu Scherzen aufgelegt, ist merkwürdig still. Auch Gebayehu, der junge Fahrer mit der flotten italienischen Sonnenbrille, schaut oft in den Rückspiegel, obwohl wir von Anfang an das einzige Fahrzeug auf der Piste waren. Er wischt sich den Schweiß von der Stirn und vom Steuerrad, dabei ist es neun oder halbzehn Uhr morgens und für Äthiopien noch gar nicht so heiß. »Jedesmal, wenn ich die Strecke fahre, kriecht mir die Angst in den Nacken«, gesteht Gebayehu. Dabei ist er doch jung und stark wie ein Bodyguard. Wir nähern uns einem Hügel und gleich dahinter einem uneinsehbaren Flussbett. »Hier war es«, ruft Berhanu aufgeregt, »hier hätten sie uns fast zur Strecke gebracht.« Wer? Die Schifta, die Räuber der Felswüsten.

Damals, im Februar 2000, war Manager Berhanu auch nach Derra unterwegs. Gebayehu, sein Fahrer, saß wie immer hinterm Steuer. Nur dass Berhanu diesmal seine junge Frau Addis, auf Deutsch »Blume«, und das dreijährige Söhnchen Hinnok dabei hatte, um ihnen die neuen Projekte zu zeigen. »Ich hatte meiner Frau gerade erzählt, dass in dieser Gegend Schiftas gefürchtet seien«, erzählt Berhanu, »als Gebayehu hier im Wadi [trockenes Flussbett] routinemäßig abbremste und im Schritttempo über das Geröll fuhr. Die Autofenster waren offen wie heute, anders hält man die langen staubigen Fahrten auf den Holperpisten nicht aus.

Dann ging alles wahnsinnig schnell. Drei Bewaffnete in grünen Shorts sprangen, die Kalaschnikows im Anschlag und ein halbes Dutzend Handgranaten am Gürtel, auf sie los. Einer hielt Gebayehu einen armlangen Dolch an den Hals und ritzte ihn in der Hast an der Schlagader auf. »Sie durchsuchten uns Männer bis auf die Haut, nahmen Addis die Handtasche fort, warfen sie auf den Boden und hießen uns, mit hocherhobenen Händen auf den Felsen niederzusitzen«, erinnert sich Berhanu. Dann filzten die Wüstenräuber das ganze Auto, rissen die Seitenverkleidungen auf, durchwühlten das Gepäck und schmissen alles auf den Erdboden.

»Wieso fahren so arme Leute wie ihr in so einem teuren Auto!«, herrschte der Anführer seine Opfer an. Nur die allerwenigsten Äthiopier können sich ein Auto leisten, selbst ein einfacher Geländewagen gilt wegen der hohen Einfuhrsteuern als Luxuskarosse. »Wir arbeiten

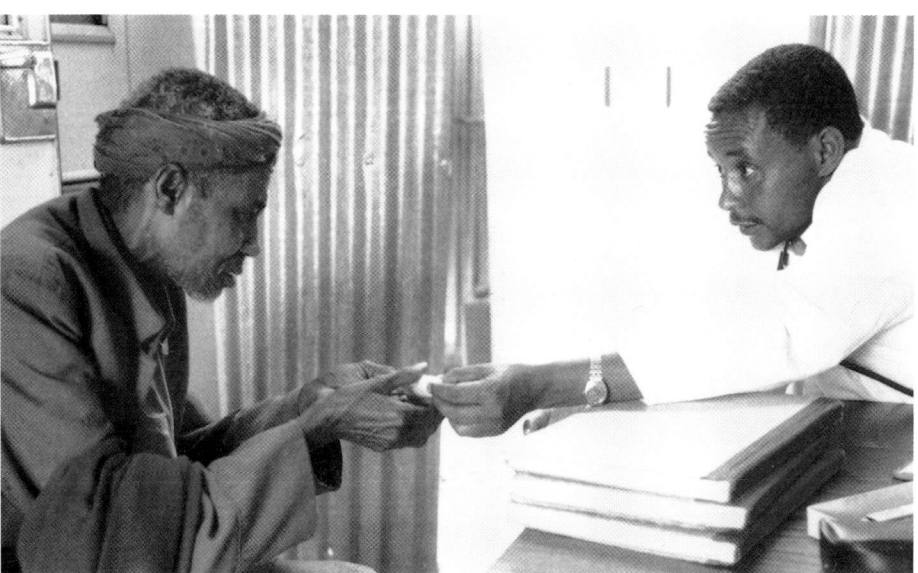

Sprechstunde in einer mobilen Ambulanz in Abado/Provinz Derra.

für *Menschen für Menschen*«, entgegnete Berhanu mutig, »die bauen euren Brüdern immerhin Schulen, Wasserstellen, Krankenstationen. Warum überfallt ihr uns als Dank?« »Halt den Mund! Wir haben nichts zu verlieren«, sagte der Boss, »Geld raus, oder es knallt!« Die Opfer hatten ganze 400 Birr, 120 Mark dabei. Doch das hob bei den Banditen die Laune, sie schoben Gebayehus Rock- und Soul-Kassetten in den Recorder und tanzten mit dem Gewehr in der Hand ums Auto herum.

Sie tanzten weiter, als sich ein Lastwagen von Derra der Furt näherte. Einer von *Menschen für Menschen*! »Was gibt's denn, Ato Berhanu«, rief der Fahrer und ging todesmutig mit dem Knüppel auf die fremden Männer zu. Sie schlugen ihn mit den Gewehrkolben bewusstlos und ließen ihn hinter einem Steinhaufen liegen.

Die Sonne stieg höher, und die Angst und der Durst der Geiseln wurden größer. Bis dahin hatte sich der dreijährige Hinnok ruhig verhalten, Mutter Addis hatte ihm in brenzligen Momenten den Mund zugehalten.

Wartende Patienten vor der mobilen Ambulanz von *Menschen für Menschen* in Abado/Provinz Derra.

Doch dann sah der Knirps etwas, was ihn richtig wütend machte. »Papi, warum nimmt der Mann da einfach deine Uhr?«, plärrte er aus Leibeskräften, »gib her, du Mann!« Es war schlimm genug für Berhanu, die goldene Uhr, die ihm Karlheinz Böhm zur Hochzeit geschenkt hatte, in der Tasche des Schiftas verschwinden zu sehen, aber nun fürchtete er um das Leben seines schreienden Sohnes. Da unterbrach der Anführer seinen Tanz. »Hat der da wirklich die Uhr geklaut?«, fragte er den Kleinen barsch, um gleich wieder die Stimmung zu wechseln: »Schau mal, meine Uhr ist viel schöner und teurer als die von Papi.« Aber Hinnok schrie und stampfte mit dem Fuß auf. Der Mann schaute überrascht. Dann riss er seinem Kumpanen die gestohlene Uhr aus der Hand. »Hier, Hinnok, ich schenke dir die Uhr zurück, und du kannst sie ja deinem Papi weitergeben. Aber hör auf zu plärren!« Dann tanzten die drei Schiftas zum Soul: »Let my body adapt to it«. Ja, dachte Berhanu zynisch, »hoffentlich schmiegt sich mein Körper nicht gleich tot an den Felsen!«

Mit den heißen Mittagsstunden überkam die Wüstenräuber die Trägheit. Sie ließen sich von einem Hirtenjungen, der aus dem Nirgendwo auftauchte, Tala, kaltes selbstgebrautes Bier in Kürbiskalebassen bringen und teilten es sogar mit ihren Opfern und dem verletzten Lastwagenfahrer, der langsam wieder zu sich gekommen war. Der Anführer schien sich zu überlegen, dass Berhanu sehr bald von *Menschen für Menschen*-Mitarbeitern in Derra gesucht werden würde. »Wehe, wenn ihr uns bei der Polizei verpfeift!«, drohte er und zog sich in einer schnellen Drohgeste mit der Handkante am Hals entlang. Dann verschwanden sie lautlos im Busch.

»Gibt es hier heute noch Schiftas«, frage ich. »Nein«, sagt Berhanu und nimmt einen großen Schluck aus der Wasserflasche, »Karl hat der Regierung gedroht, alle Projekte einzustellen, falls sie nicht für unsere Sicherheit garantieren könne. Drei Wochen später erschossen die Soldaten fünf Schiftas in der Umgebung.« Gebayehu fasst sich nervös an den Hals, als spüre er immer noch die Klinge des Dolches. Geblieben ist nur eine hauchdünne Narbe – und die Angst, die seither mit ihm fährt. »Der arme Lastwagenfahrer musste vier Wochen ins Krankenhaus. Jetzt arbeitet er wieder, aber er fährt eine andere Strecke«, sagt Berhanu und sieht auf seine goldene Uhr, die ihm heute doppelt teuer ist: »Noch zehn Minuten bis zum Dorf Abado. Du wirst die Schule und die mobile Krankenstation sehen und staunen, wie hoffnungsvoll sich dort alles entwickelt.«

Teil II
Die Menschen hier

Sammeln ohne Grenzen – was die Spender bewegt

1. Kapitel

»Nicken Sie nicht, tun Sie was!«
Beispielhafte Spenderaktionen

Am Anfang waren es die Fernsehzuschauer. Gerade die, von denen es eigentlich immer heißt, dass sie nur gemütlich mit Bier, Chips und Popcorn auf dem Sofa sitzen. Nach der Sendung von »Wetten, dass...?« am 16. Mai 1981 überrollten sie mit 1,7 Millionen mal einer Mark die Bundespräsidenten von Deutschland, Österreich und der Schweiz, die Karlheinz Böhm spontan als Adressaten angegeben hatte – es gab ja noch nicht einmal ein Konto, was der damalige Präsident Carl Carstens in Bonn dann allerdings gleich einrichtete. (Bis heute ist es die Kontonummer 700 000 bei allen größeren Münchner Geldinstituten geblieben.)

Ein halbes Jahr später, am 13. November 1981, wurde *Menschen für Menschen* in München als Verein eingetragen. Niemand, auch Böhm selber nicht, konnte damals ahnen, dass aus einer spontanen Idee ein so großes und solides Äthiopien-Hilfswerk werden würde und dass die sonst oft harsche Presse von *Bild* bis *Stern* den früheren Filmkaiser Franz Josef, der sich nun, frei nach Brecht, als Guter Mensch von Afrika engagierte, so positiv über die Jahre begleiten würde. Auch konnte niemand ahnen, dass die Welle von Solidarität mit den Armen auch in einer eher zynischen Zeit, in der »Big Brother« und »Fun total« regieren, nicht abebben, sondern immer mehr Menschen erfassen würde, die sich, kirchlich und politisch ungebunden, einfach sinnvoll engagieren wollen.

»Nicken Sie nicht, tun Sie was!« steht auf einem aufrüttelnden Äthiopien-Plakat, das ein Fachmann von der bekannten Werbeagentur Scholz & Friends entworfen hat. Gratis natürlich, wie die vielen freiwilligen »Hilfs-Arbeiter« von *Menschen für Menschen*, die sich als einzelne Mitstreiter oder als Arbeitskreise, als Künstler, Hausfrauen, Ärzte, Sportler, Banker, Pensionisten, Unternehmensberater, Manager, Belegschaften, Schulen, Sportverbände, Stadträte, Herrenclubs und Wandervereine, eben als Menschen wie du und ich engagiert haben.

Dabei sind die Einsätze und Aktivitäten der ungezählten Sponsoren, deren Anzahl man rückblickend mit eineinhalb bis zwei Millionen abschätzt, so bunt und vielfältig wie ein Kaleidoskop. Manche möchten einfach das eigene Glück teilen und verzichten an Jubiläen, Hochzeits- und Geburtstagen auf den üblichen Geschenkesegen zugunsten der Hungernden. »Mir war, als säßen viele Äthiopier als stumme, aber gern gesehene Gäste mit an unserer Tafel«, schreibt eine 70-jährige Jubilarin hinterher zufrieden. Manchmal ist der Hintergrund auch tragisch. Da spendet ein Ehepaar, das seinen einzigen Sohn bei einem Unfall verloren hat, eine ganze Schule mit Mobiliar für Äthiopien. Damit das Leben wieder Sinn macht. Manchmal ist es schlicht nobel. Eine alte Dame, die im Altersheim lebt, packt ihren gesamten Familienschmuck in ein Täschchen, geht zum Notar und vermacht ihre Preziosen hier und heute Karlheinz Böhms Äthiopien-Werk: »Da hilft es den Menschen mehr als in meinem Schmuckkästchen.«

Manche Spender wollen anonym bleiben, andere starten phantasievolle PR-Kampagnen wie die Mineralwasser-Firma, die zum 111. Firmenjubiläum Brunnen für die Dörfer stiftete – denn Wasser ist bekanntlich Leben. Schulklassen sind besonders aktiv, verkaufen Brezen in der Pause und rennen sich bei Benefiz-Sportfesten für *Menschen für Menschen* die Lunge aus dem Leib. Mancher Abenteurer verbindet den spannenden Trip mit dem guten Zweck, wie der Erlanger Radfah-

rer, der von Bayern bis hinunter ans Kap radelt und sich dabei von seinen vielen Fans jeden Kilometer mit einem Pfennig honorieren lässt. Schauspieler halten Lesungen, Künstler versteigern ihre Werke oder basteln umsonst mit den Kindern, damit die Eltern fleißig spenden. Wein- und Whisky-Importeure stiften ihre Jahrhunderttropfen. Darmstadt, der Geburtsort von Karlheinz Böhm, verhilft der armen Partnerstadt Harar in Ostäthiopien zu einem dringend benötigten Ambulanz-Fahrzeug, die bayrische Gemeinde Vaterstetten baut in Alem Katema einen Kindergarten. Banken und Sparkassen stellen großzügige Schecks aus. Selbst ein Automobilhersteller, der eher für seine Sportwagen bekannt ist, verschifft einen enormen Schaufelbagger zum Straßenbauen nach Äthiopien. Die Konkurrenz mit dem Stern schickt einen ihrer besten Werkmeister in die Lehrwerkstatt des Agrotechnischen Trainingszentrums in Harar.

Die Liste derer, die nicht nur nicken, ist so imponierend lang wie originell, wobei die Spenden fast ausschließlich aus Österreich, der Schweiz und dem Westen Deutschlands kommen. Bisher waren die Menschen in den neuen Bundesländern wohl zu sehr mit den Problemen vor der Haustür beschäftigt, der Gedanke des Fundraising, des privaten Sammelns für eine gute Sache, hatte im Sozialismus keine Tradition. Aber gerade im Zusammenhang mit der grassierenden Ausländerfeindlichkeit hat die Stadt Potsdam einen mutigen Schritt nach vor-

ne gewagt und unterstützt Böhm durch Benefiz-Veranstaltungen mit dem Potsdamer Industrie-Club als Partner.

Ursprünglich wollten wir in diesem Buch als großes Dankeschön die Namensliste aller Spender abdrucken, ein Vorhaben, das Verlag und Autorin schnell aufgeben mussten: Bei zwei Millionen Namen wäre das Buch so dick wie das Hamburger Telefonbuch geworden. Stattdessen haben die *Menschen für Menschen*-Büros einige Spender stellvertretend für die vielen anderen aktiven Mitstreiter, die der Hilfsorganisation nahe stehen und sich engagieren, ausgesucht. Da es so viele Helfer gibt, dass wir uns nicht entscheiden konnten, haben wir am Ende gelost.

Wie sagte Karlheinz Böhm, als er bei den »Sportler gegen Hunger«-Veranstaltungen des Kreissportbundes Vechta am 13. Januar 2001 nicht nur einen fünfstelligen Scheck, sondern auch Standing Ovations bekam: »Sie, die Spender, haben das alles geleistet! Applaudieren Sie nicht mir, sondern sich selber!«

2. Kapitel
Songs für Afrika und Abdi Bori
Radio 7, Ulm

»Wie viele Paten hat denn unser Waisenhaus Abdi Bori inzwischen?«, fragte Karlheinz Böhm vor kurzem Hermann Orgeldinger, Programmchef von Radio 7 in Ulm. »Mindestens 400 000«, antwortete der, denn so viele Leute hören pro Tag beim Sender rein. Und jeder Einzelne kenne schließlich die »Songs for Africa« und das äthiopische Kinderdorf Abdi Bori. »Wenn jeder Hörer nur eine Mark gibt, dann brauche ich mir ja um die Zukunft des Waisenhauses keine Sorgen zu machen«, hat Böhm schnell hochgerechnet. So ist er eben. Denkt Tag und Nacht an den Fortbestand seines Lebenswerks und wie er die *Menschen für Menschen*-Projekte Jahr für Jahr sicher finanzieren kann. Natürlich macht nicht jeder Hörer genau eine Mark locker. Dafür gibt es aber eine große Gruppe, die nun schon im elften Jahr mit weit größeren Summen das

Hermann Orgeldinger,
Radio 7
(Foto: privat).

131

Überleben und sogar den Ausbau des Kinderdorfes sichert. Für das Millenniumsjahr konnte der Programmchef Böhm über den allerneusten Spendenrekord, nämlich 575 000 Mark, informieren.

Seit 1991 organisiert Radio 7 zwischen Weihnachten und Neujahr die Aktion »Songs for Africa«, das größte karikative Wunschkonzert Deutschlands. Seit 1994 besteht die Patenschaft speziell für das Kinderheim Abdi Bori. Für zehn Mark, die ohne Abzüge an *Menschen für Menschen* fließen, kann jeder Hörer seinen Musikwunsch gleich auf dem Überweisungszettel vermerken. Firmen und Vereine investieren gerne auch mehr und lassen sich für zweitausend Mark eine ganze Sendestunde gestalten. Dazu kommen eine Reihe Extra-Aktionen, die das Äthiopienkonto zusätzlich füllen: In Ulm etwa wurde afrikanisch gekocht, in Leutkirch für den guten Zweck massiert und in Tuttlingen organisierten 2 500 Schüler einen Afrika-Tag. Sogar ein spezieller Africa-Song wurde mit den Stimmen von Vincent Edwards (»Hair«) und Isabelle Ngnoubamdjum aufgenommen und die CDs, zum Teil signiert von Karlheinz Böhm, verkauft. Der Star der Afrika-Tage aber war diesmal Lionel Ritchie. Der Pop- und Soul-Sänger legte in Ulm einen Zwischenstopp ein, um für eine Stunde 200 Gäste mit Klassikern wie »Hello«, »Angel« sowie »Don't stop the music« aus seinem damals neuen Album zu begeistern. Die 100-Mark-Karten waren bereits nach einer Stunde vergriffen.

»1999 war ich in Äthiopien, um mir Abdi Bori persönlich anzuschauen«, sagt Orgeldinger. »Die Hilfe kommt wirklich 100-prozentig an.« Der Radiomacher war begeistert von dem ganzen Ambiente. »Ich hatte immer fünf Kinder an einer Hand, eins auf dem Arm und zwei an den Beinen hängen.« Abdi Bori, zu Deutsch Hoffnung auf Morgen, liegt Karlheinz Böhm besonders am Herzen. Einige der 140 Waisen dort hat er persönlich gerettet und dafür gesorgt, dass sie im Heim unterkamen. Dort leben sie, betreut von ihren »Müttern«, kinderlosen Frauen, in schlichten Zwölf-Bett-Zimmern. »Geschwister bleiben zusammen«, sagt Ato Dubale, der Heimleiter. Die sechs flachen Pavillons liegen in einem riesigen gepflegten Garten mit angrenzender Landwirtschaft, wo die Größeren lernen, Gemüse anzubauen und Haustiere zu versorgen. Jüngster Zuwachs ist der Affe Hauiwi, den Karlheinz Böhm einem Bauern aus kläglicher Gefangenschaft abkaufte und der nun den lieben langen Tag frei mit den Kindern herumtollt. Wegzulaufen in den nahen Urwald, daran denkt er nicht im Traum.

Vor den Toren von Abdi Bori sieht es freilich erschütternd aus. »Natürlich war ich geschockt von dem vielen Elend in Mettu«, erzählt Orgeldinger. »Ich habe die Armut richtig körperlich gefühlt, diese Menschen aus Haut und Knochen, die Kinder in Lumpen, was für ein erbärmlicher Zustand.« Dagegen wirke das Kinderheim wie ein aufgeräumtes Paradies: die Blumenrabatten gepflegt, die Kinderkleidung ohne Löcher, die Bettdecken sauber eingeschlagen, funktionierende Duschen (höchster Luxus für Äthiopien) und der Speisesaal, den Böhm ganz bewusst in Form einer großen Rundhütte bauen ließ, in der vertrauten afrikanischen Tradition. Während ihre Mitschüler nachmittags auf den Feldern oder in der elterlichen Hütte viele Stunden schuften müssen, haben die Kinder von Abdi Bori sogar ein bisschen Zeit zum Spielen, Toben, Malen, Basteln. Orgeldinger hat ihnen Kuscheltiere (für jedes Kind eins) und Puzzles, die Spielzeugunternehmen aus dem Ländle gestiftet haben,

Kinder von Abdi Bori empfangen Karlheinz Böhm in ihrem Zuhause.

schicken lassen. Kein Wunder, dass Karlheinz Böhms Zöglinge in Mettu glühend beneidet werden. »Das Heim ist eine gigantische Startchance«, meint Orgeldinger, selber Vater von drei Kindern, »und das wissen die Kids dort auch und sind sehr dankbar.«

Obwohl es die »Songs for Africa« schon zehn Jahre gibt, erleben die Redakteure von Radio 7 immer wieder Überraschungen. »Da sah ich plötzlich den sagenhaften Betrag von 50 000 Mark auf dem Spendenformular, mir zitterte die Hand«, erzählt Orgeldinger. »Dazu ein einziges Wort: Danke. Mit Punkt!« Natürlich haben die Radiomacher den beliebten Song gerne gespielt, aber sie wollten dem anonymen Spender doch persönlich das Zauberwort sagen. »Wochenlang habe ich versucht herauszufinden, wer da so großzügig war«, sagt der Programmdirektor, »ein Krösus? Von wegen!« Es war eine ältere Dame, die in einfachen Verhältnissen lebt. In einem anonymen Hochhaus am Stadtrand. Dreimal ist Orgeldinger persönlich vorbeigefahren, nie hat sie die Tür aufgemacht oder auf Briefe geantwortet. Die Frau hat, soviel ist bekannt, ein einziges Mal im Leben im Lotto gewonnen – und den gesamten Betrag, 50 000 Mark, auf den Pfennig genau gespendet.

3. Kapitel

Kunststücke für Karlheinz Böhm
Circus Sambesi

Der Mann sieht aus, wie Zeltarbeiter beim Zirkus halt so ausschauen: eine hagere, fast asketische Gestalt in alten Jeans und Bergschuhen, Hände wie ein Schaufelbagger, Rastalocken bis auf die Schulter, dazu ein Rauschebart à la Rasputin, der das halbe Gesicht bedeckt. Wer ihn so fachmännisch im Zelt des Neumarkter Zirkus »Sambesi« mit den Stangen und Seilverankerungen hantieren sieht, der käme nicht auf die Idee, einen echten Zirkusdirektor vor sich zu sehen.

Karl Niedermayer hat auch kein echtes Zirkusblut in den Adern, er ist Amateur: Gründer, Besitzer und Vorarbeiter einer ziemlich einmaligen Institution in Deutschland. Mit seinem Circus Sambesi will der Optiker und Hörgeräte-Fachmann aus Neumarkt in der Oberpfalz kein Geld verdienen – jedenfalls nicht für sich, sondern für einen guten Zweck. Die zweieinhalbstündige Zirkus-Schau ist frei, was die Kinder wunderbar finden. Dafür spenden die Eltern, die Bürgermeister und Honoratioren viel und gern, denn alle wissen: Jede Mark, die die ehrenamtliche Akrobatentruppe einnimmt, geht an Karlheinz Böhms Stiftung *Menschen für Menschen*. Und das sind in 14 Jahren, die der Amateur-Zirkus mit Profi-Niveau durch die Oberpfalz tingelt, sagenhafte 620 000 Mark geworden.

Mit seinem Wochenend-Zirkus hat sich Karl Niedermayer einen doppelten Traum erfüllt: Als Afrika-Freund kann er eine Menge für die Menschen auf dem Not leidenden Kontinent tun, und als Manegen-Liebhaber hat er sich seinen Kindheitswunsch nach dem Geruch von Sägespänen und Zirkusluft erfüllt. Es dauerte allerdings ein paar Jahre, bis er seine zwei Steckenpferde unter einen Hut bringen konnte. Seit 1970 reist der Neumarkter mit dem Geländewagen kreuz und quer durch Afrika: Mali, Niger, Bourkina Faso. »Ich habe viel Elend gesehen«, sagt Niedermayer, »und so viel fehlgeschlagene Entwicklungsprojekte.« Zum Beispiel ein Viehzuchtprojekt der EG mit dem Erfolg, dass noch mehr Rinder den Sahel überweideten, Konservenfabriken, die nicht eine einzige Dose herstellten, Baumwollbauern in Mali, die plötzlich deutsche Buchhaltung erlernen sollten... Die Liste wäre lang. »Aber einfach nur als Zuschauer des Elends auf Safari zu gehen«, das fand der Abenteuerreisende bald nicht mehr in Ordnung. Dann sah er Böhms Auftritt in »Wetten, dass...?« und fing Feuer für die Idee von *Menschen für Menschen*. Plötzlich wusste er ganz genau, wie er helfen konnte.

»Einen Hang zur Schaustellerei hatte ich schon immer«, gesteht der 51-Jährige. Anfangs waren die Behörden alles andere als begeistert. »Alle Zirkusunternehmen machen zu, Sie machen eines auf?«, fragten die Beamten. Doch der Amateur ließ sich nicht entmutigen. Von einem Profi, dem Geschäftsführer des Circus Krone, erfuhr er, dass bei der bekannten italienischen Zeltbaufirma Canóbbio noch ein halbfertiges Zweimastzelt läge, das ein bankrott gegangener Schausteller nicht abgenommen hatte. Niedermayer fuhr am nächsten Wochenende hin und erwarb das 350-Personen-Zelt zu einem Schnäppchenpreis von 30 000 Mark.

Nun hatte der Zirkusdirektor in spe zwar Masten, Anker, Seile und Zeltbahnen in Neumarkt liegen, aber keine Gebrauchsanweisung, wie er das Ding aufbauen sollte. Niedermayer nahm Unterricht bei einem pensionierten Zeltbauer, ebenfalls vom Circus Krone, der ihm daheim mit der Schnur des Bügeleisens die richtigen Knoten beibringen wollte. Als der Zirkus-Neuling nach drei Stunden immer noch nichts kapiert hatte, meinte der alte Vorarbeiter: »Probier's halt, wenn das Zelt drei

mal zusammengefallen ist, dann kannst du's!« Der Zeltbauer hatte
Recht, »wir dilettierten in bester Manier«, erinnert sich Niedermayer.
Doch die Premiere an einem schönen Maitag 1987 war ein Achtungser-
folg. Die bunte Sambesi-Truppe spielte auf Anhieb 500 Mark für den
großen Schauspieler-Kollegen ein und sich selbst in die Gunst des heimischen Publikums.

Heute benötigt der engagierte Zirkusdirektor, der sich Böhms Äthi-
openhilfe buchstäblich auf die Fahnen geschrieben hat, keine Wer-
bung mehr. Die Oberpfälzer Bürgermeister streiten sich um die Gast-
spiel-Termine. »Den Zeltaufbau machen wir längst im Schlaf«, sagt
der Profi, der inzwischen eine ganze Halle für die Ausstattung
braucht: Maschinen, Gabelstapler, Kompressoren, sieben Zugmaschi-
nen und zwölf bunte Zirkuswagen mit dem *Menschen für Menschen*-
Logo. »Ich hab mir da alte Bauwagen und Unimogs zusammenge-
schnorrt«, sagt Niedermayer, »da das Zeug oft kaputt ist, lieg ich ständig unterm Wagen.«

Karlheinz Böhm tritt im
Circus Sambesi auf.

Ölschmiere hat der Zirkusdirektor oft an den Fingern, aber seine Sambesi-Truppe fand, dass der Chef nicht nur als Vorarbeiter, Mechaniker und Mädchen für alles hinter den Kulissen wirken, sondern in die Manege müsse. Seither tritt der Mann mit dem großen Rauschebart als Fakir Taifun Al Shaba im Schlussakt auf. »Die Nummer mit dem Nagelbrett ist echt und tut verdammt weh«, bekennt er, auch der Höhepunkt, wenn der Helfer ihm einen Betonblock auf der Brust zerschmettere, sei nicht ganz ungefährlich. Einmal sei ihm, knacks, die Rippe gebrochen. Doch der Herr Direktor hat es fakirhaft verschmerzt – als er sah, dass er für Karlheinz Böhm wieder 14 000 Mark an einem Abend heimgebracht hat. Was für ein Zirkus!

4. Kapitel

MfM heißt Marmeladen für Menschen
Helga Beiers süße Aktion

Helga Beier beim Erntedank-Basar zugunsten von *Menschen für Menschen*. (Foto: privat)

Eimer und Körbchen gehören zu ihrem Handwerkszeug wie bei anderen der Laptop oder das Handy. Dazu kommen eine Gartenschere, ein Sack fürs Sammeln dekorativer Baumwurzeln, Zweige, Moos, Eicheln und ein paar an der Spitze abgeschnittene alte Socken, die sie wie Pulswärmer trägt. Schließlich muss Helga Beier ja Hände und Arme vor Dornen und Stacheln schützen, wenn sie an schönen Sommertagen so um die 34 Pfund Himbeeren und 32 Pfund Brombeeren von den Sträuchern klaubt.

Was macht ein Mensch mit so viel Früchten, dass er sie kaum nach Hause tragen kann? Ganz einfach: eine süße Aktion für einen guten Zweck. Für die Äthiopien-Mitstreiterin Helga Beier in Gummersbach heißt MfM »Marmeladen für Menschen«. 380 Pfund Beeren und Früchte hat die 60-jährige Hobbyköchin im Jahr 2000 zu Gelee, Marmelade, Saft und Likör verarbeitet – im Jahr davor waren es sogar fünf Zentner – 500 Pfund. Die Gläser schmückt sie dann mit bunten Schildern, karierten Tüchern und kleinen Sträußchen. Die verkauft sie anschließend für zwölf Mark das Stück auf ihrem traditionellen Erntedank-Basar in Gummersbach.

150 000 Mark, so hat die emsige Beerensammlerin errechnet, hat sie in den letzten 16 Jahren für Äthiopien zusammengebracht und auf das Böhmsche Spendenkonto überwiesen. Wenn ihre Freundinnen sie fragen, ob das Geld auch wirklich bei den Bedürftigen ankomme, sagt sie: »Zu tausend Prozent!« Da kennt sie ihren Böhm, nicht nur von »Sissi«-Filmen. Seit ihrem ersten Basar 1984 hält sie treuen Kontakt zum Münchner Büro, informiert sich über jeden noch so kleinen Fortschritt in Äthiopien und fragt, wie es Niki und Aida, den Böhm-Kindern, in der Salzburger Schule gefällt.

Zweimal war Karlheinz Böhm schon beim Erntedankfest in ihrem Wohnzimmer zu Gast, einmal hat er sie sogar aus Äthiopien angerufen, weil ihm die Marmelade, die sie ihm zu Weihnachten geschickt hatte, so ausgezeichnet schmeckte. Das hat die engagierte Hausfrau sehr gefreut. »Wir alle können ein bisschen was tun und von unserem Wohlstand abgeben«, sagt sie, »wir wissen schließlich nicht, wie schlimm Hunger ist!«

In der Nachkriegszeit sei es auch daheim knapp gewesen, erinnert sich Helga Beier. Aber richtiger Hunger wie in Afrika, das sei was anderes. Wenn nichts im Topf war, ging die Mutter mit ihr und den Geschwistern Pilze sammeln. »Wer einen Speisepilz findet, bekommt ein Bonbon«, stachelte die Mutter sie an. 1946 kam die Familie aus dem Osten ins Oberbergische Land, die Liebe, im Wald herumzustreifen wie Ronja Räubertochter, ist ihr auch im Oberbergischen geblieben.

Wenn die Beerensaison beginnt, dann gibt es für die Waldläuferin nur eins: hinaus in die Natur. Früher wusste ihr Mann Carl-Friedrich nie so genau, in welchem Gehölz seine Frau gerade abgetaucht war. Seit ein paar Jahren hat sie ein Handy und meldet sich, falls es später wird oder sie gerade eine besonders reichhaltige Blaubeerstelle gefunden hat. Ihre Funde trägt sie fein säuberlich in ein Buch ein und notiert auch, von wie vielen Zecken sie gebissen wurde.

Die Tage und Wochen vor dem Basar legt Frau Beier viele Nachtschichten ein, nicht nur zum Kochen und Einwecken, vor allem zum Dekorieren der Türkränze und Wurzelgestecke, die sie ebenfalls verkauft. Dann kommen auch Tochter Elke und Schwiegersohn Frank nach der Arbeit vorbei, um Muttern beizustehen. In ihrer Freizeit geht sie gerne mit ihrem Mann zum Golfen nach Schmallenberg ins Sauerland, doch selbst dort fühlt sie sich im Dienst. »Da hatte ich gerade den Ball aufgelegt und wollte abschlagen, als mein Blick auf einen Holunderbusch fiel, der prallvoll hing«, erzählt sie. Das Tagesergebnis: kein einziger Golfschlag, aber 25 Pfund Holunderbeeren im Korb, macht 44 Gläser Gelee mal 12 Mark gleich 528 Mark für Äthiopien.

5. Kapitel

Mit rauchiger Stimme für Äthiopien

Schauspielerin Andrea Jonasson

Die langen kupferroten Haare haben etwas »Dramatisches«, der tragischen Heldin Medea, die sie gerade in Wien probt, durchaus angemessen. Die Stimme ist tief und rauchig, als ob Brecht die »Seeräuberjenny« oder den »Guten Menschen von Sezuan« extra für sie geschaffen hätte. Die großen Augen wirken immer ein bisschen melancholisch. Ein eindrucksvolles Gesicht, das man nie mehr vergisst, weil es gelebtes Leben spiegelt. Ohne viel Make-up.

Seit 35 Jahren steht Andrea Jonasson auf allen großen deutschsprachigen und italienischen Bühnen, mit höchsten Triumphen und, in Zeiten des Jugendwahns, auch Niederlagen. »Über 50 wird es schwer, gute Rollen zu bekommen«, sagt der Star, der Allüren längst hinter sich gelassen hat. Eine offene, interessierte Künstlerin, die ins verrauchte »Kleine Café« in der Wiener Altstadt passt wie die Melange, die sie dort so gerne trinkt. Und die einzige Schauspielkollegin, die sich voll und ganz Karlheinz Böhms Äthiopienhilfe verschrieben hat.

Neulich hat Andrea Jonasson in der ARD-Reihe »Polizeiruf 110« eine bildschöne ältere Diva gegeben, die unter Mordverdacht gerät, was dem ermittelnden Kommissar Schmücke alias Jaecki Schwarz, einst ein glühender Verehrer von ihr, ganz schön an die Nieren geht. Thema des Krimis: Jugendwahn. »Da war auch manche Szene autobiografisch«, gibt sie mit einem entwaffnenden Lächeln zu. »Aber auch, wenn ich in dem Alter bin, wo man sich fragt: ›War das alles? Wo bleibst du als professionelle Schauspielerin in dieser Big Brother- und Girls-Camp-Zeit?‹, dann schlage ich doch deshalb niemanden mit dem Kaminhaken tot, wie es im Drehbuch steht.« Was dann?

Andrea Jonasson in Äthiopien.

»Wenn das Leben keinen Sinn mehr macht, muss man ihm einen geben«, zitiert sie den Wiener Philosophen Victor Frankl. Sie wollte nützlich sein. Für andere, für Kinder, für Afrika.

Als kleines Mädchen in Freiburg im Breisgau, wo ihre Eltern als Schauspieler auftraten, träumte sie davon, nach dem Vorbild von Albert Schweitzer als Ärztin in Afrika zu arbeiten. Doch ihre Familie war arm, an ein Medizinstudium war nicht zu denken. Mit 17 lief sie von zu Hause fort, schlug sich als Fabrikarbeiterin und Stoffverkäuferin für 1,50 Mark die Stunde durch, um abends Theater spielen zu können. Daran hat sie sich 1997, als groß gewordene Schauspielerin in Mailand, erinnert. »Ich hatte damals eine richtige Lebenskrise«, erzählt Andrea Jonasson. Ausgerechnet sie, die vielbewunderte Muse und Ehefrau des italienischen Theaterregisseurs Giorgio Strehler, die mondäne Schauspielerin, die in zwei Sprachen und zwei Welten, am Burgtheater wie am Piccolo Teatro di Milano, Strehlers Ensemble, zu Hause war.

»Ich muss etwas für andere tun«, erklärte sie ihrem Mann, dem weißgelockten Starregisseur, der lange Jahre auf dem Olymp der Theatergötter thronte. Es war nicht immer einfach gewesen, ihre Identität als

Künstlerin zu bewahren und gleichzeitig die Signora Strehler, die Frau an seiner Seite, zu sein. Der Mann ihres Lebens hatte sie 1972, als sie an beiden großen Hamburger Bühnen, dem Thalia und dem Schauspielhaus, gastierte, auf der Stelle für seine Shakespeare-Trilogie »Spiel der Mächtigen« engagiert. »Ich glaube, sie wird meine Königin«, soll der Maestro, der sie bis dahin nur vom Foto kannte, gesagt haben. Es blieb nicht bei der Königin-Rolle. Andrea Jonasson nahm bald darauf ihr rotes Köfferchen und zog zu ihrem Maestro nach Mailand. Und blieb.

Im Mai '97 flog die Schauspielerin auf eigene Kosten nach Äthiopien. Es war viel härter, als sie es sich vorgestellt hatte: der Gestank, die Hitze, die Tierknochenhügel vor dem Schlachthaus von Addis Abeba, die elenden Hütten, die Frauen-Beschneidung und die Macho-Männer, wie sie sagt. Andererseits: dieser Hoffnungsschimmer in den Augen der Äthiopier, diese tiefmenschlichen Begegnungen, die sie in den Projekten erlebte. Andrea Jonasson führt mir am Café-Tisch vor, wie die Frauen dort erst die Augenbrauen hochziehen und dann »ein Lächeln wie einen Sonnenaufgang« aufscheinen lassen. »Da können wir Europäer viel von ihrer Fröhlichkeit lernen«, sagt sie.

Seither macht Frau Jonasson das, was sie als Bühnenstar am besten kann: Theaterspielen für *Menschen für Menschen*. Sie trägt Brecht, Neruda oder Shakespeare bei den Wiener Festwochen und zahlreichen anderen österreichischen Benefiz-Veranstaltungen vor und freut sich, wenn sie viele Menschen berührt und die Spenden ihretwegen gewaltig steigen. Im Dezember 1997 starb Giorgio Strehler. Zur Trauer kam die Häme der italienischen Presse, die indiskret über die Freundin des Maestro und über den »Kampf der zwei Witwen« um Strehlers Erbe herzog. Die materiellen Einbußen hat Andrea Jonasson verschmerzt, aber sie möchte wenigstens den künstlerischen Nachlass ihres Mannes retten und in eine Stiftung in Triest überführen. Sie arbeitet weiter, denn »er« wollte es so. Neulich hat sie, im schwarzen Anzug des Verstorbenen, aus Brechts »Gutem Menschen von Sezuan«, ihrer Glanzrolle, vorgetragen. Dann fühlt sie sich lebendig, weiß, dass sie noch eine Aufgabe hat. Äthiopien. Den Unterschied zwischen der Armut hier und Armut dort erklärt die Diva mit einen kleinen äthiopischen Kinderschuh aus Kautschuk, den sie in die elegant gekleidete Theatermenge hält. »Material billiger abgenutzter Autoreifen,« sagt sie dann, »aber der Junge, der so eine Sandale tragen darf, fühlt sich in Afrika als Millionär!«

6. Kapitel

Wenn der Betriebsrat ruft, spenden alle

Bürkert GmbH

In der lichten Eingangshalle sind kleine Metallteile und filigrane Systeme wie Kunstwerke ausgestellt. »Ha noi«, sagen die freundlichen Damen am Empfang von Bürkert im schwäbischen Ingelfingen, sie könnten mir technisch auch nicht in allen Einzelheiten erklären, wozu diese formschönen Systeme dienten. Zum Glück kommt mir Betriebsrat Josef Irsigler entgegen, um mich durch die Firma zu führen, deren Belegschaft und Geschäftsleitung zu den größten und zuverlässigsten Sponsoren von *Menschen für Menschen* gehören. Seit der Betriebsrat vor 16 Jahren das erste Mal für Karlheinz Böhm die Sammelbüchse schüttelte und auf die damalige Hungersnot in Äthiopien aufmerksam machte, sind sagenhafte 600 000 Mark zusammengekommen. »Soviel Beständigkeit und soziales Engagement wie bei Ihnen wünsche ich mir überall«, sagte Böhm gerührt, als er 1999 auf der Betriebsversammlung im Ingelfinger Firmensitz einen großen Spendenscheck entgegennahm.

Irsigler gibt sich große Mühe, mir als Laien etwas von der Steuer- und Regeltechnik – denn darum dreht sich bei der Firma Bürkert alles – nahezubringen. Er redet von »elektrischen und pneumatischen Automatisierungssystemen, eigensicheren Pilotventilen, Low-Power-Ventilen und Ventilinseln«. Leider habe ich wohl früher im Physikunterricht geschlafen. »Aber schauen Sie mal hier«, sagt der Fachmann und zeigt auf einen ehrwürdigen Holzkasten, Baujahr 1946, wo auf einem Raster ein paar Hühnereier liegen, die man mit Schnüren drehen kann, »der erste Brutkasten mit Temperaturregler, den hat unser alter Chef Christian Bürkert kurz nach dem Krieg aus Flugzeugwrackteilen, die er auf dem Feld fand, gebaut.« Jetzt kapiere auch ich, worum es beim schwäbischen Musterbetrieb im romantischen Kochertal geht: Der kleine Klick, der beim Tanken »voll« anzeigt, oder der Filter für schädliche Benzoldämpfe, das Zischen des Biers aus dem Brauerei-Hahn oder der lebenswichtige Flüssigkeits-Regler im Dialyse-Gerät, der Sterilisator fürs OP-

Besteck oder der hydraulische Schwenk vom Zahnarztstuhl – dahinter steckt immer ein kluges Ventil von Bürkert.

Die Technik-Firma im Hohenloher Land ist ein Spiegelbild der deutschen Nachkriegsgeschichte. In den Jahren des Wiederaufbaus schuf der Tüftler und Ingenieur Christian Bürkert, der aus Ingelfingen stammt, die Grundlagen und gab vielen jungen Hohenlohern, die nicht mehr von der Landwirtschaft existieren konnten, eine Chance in der Industrie. Bald produzierte Bürkert in Millionenstückzahlen Ölregler, Waschmaschinen- und Industrieventile. 1971 stürzte der Chef mit dem Flugzeug vor den Azoren ab. Doch seine Firma überlebte dank des Engagements aller Beteiligten. Der tragische Unfall schien die neue Geschäftsführung unter Gerhard Hettinger, die 1000-köpfige Belegschaft und die Gründerfamilie zusammenzuschweißen: Die Ölkrise 1973, die den Industrieländern einen Vorgeschmack auf neue Abhängigkeiten gab, die schwere Rezession Ende der 1980er, die rasende Automatisierung und die Öffnung des Ostblocks, der Hohenloher Musterbetrieb nahm alle Hürden. »Wir haben unsere Produktion nicht wie viele andere in Billigländer verlagert«, sagt Personalchef Klaus W. Frink. »Wo andere entlassen haben, konnten wir unsere 850 Mitarbeiter in Deutschland halten und durch ständige Fortbildung qualifizieren.« Während die Konkurrenz von Großkonzernen geschluckt wurde, hat der Familienbetrieb sich behauptet und in den USA und Asien expandiert, »freilich nur durch einen ständigen, harten Innovationsprozess«, erklärt Frink.

Irsigler führt durch die Forschungs-, Vertriebs- und Kundenservice-Abteilung, wo Hierarchien weitgehend abgeschafft und in immer wieder neu konstituierten Arbeitsgruppen an Produkten getüftelt wird. Im Werk wird der alte Betriebsrat ein bisschen nostalgisch. Als er hier als Lehrling begann, waren die Werkbänke vollbesetzt, es war ein Höllenlärm und die Metallspäne flogen umher. Heute surren in den Räumen ein paar riesige, computergesteuerte Maschinen, die den Facharbeitern Raum für neue Aufgaben geben. Alles ist modern, umweltfreundlich, sauber. »Ha noi, i kenn mi nemme aus«, sagen die pensionierten Mitarbeiter, wenn sie bei den Betriebsfeiern die schöne neue Welt der Automatisierung bestaunen.

Vielleicht ist es gerade dieser rasante Wandel der Arbeitswelt, der die Bürkert-Mitarbeiter nachdenklich und gleichzeitig solidarisch mit Menschen, die hungern, macht. Vielleicht sind es auch alte Tugenden

im Ländle, dass, »wer schafft und wer's hat«, auch abgeben kann. Jedenfalls hat die Firma ihr Afrika-Engagement noch verstärkt. Besonders, seit im Herbst 2000 zwei Mitarbeiterinnen, Sybille Eisele und Britta Uhl, 14 Tage lang mit dem Geländewagen durch Äthiopien kurvten und an die 50 *Menschen für Menschen*-Projekte bereisten. »Die Leute sind so unheimlich nett und gastfreundlich, obwohl sie doch nichts, wirklich nichts besitzen«, sagt Britta Uhl, PR-Frau in Ingelfingen, schwer beeindruckt. »Nach unserer Einschätzung wird jede Mark des Spendengeldes mehrfach nutzbringend eingesetzt.« Hat sie auch Bürkert-Technik im ärmsten Land der Welt gesehen? Ja, sagt die Pressereferentin, »der Sterilisator, also das wichtigste Gerät im Hospital von Mettu, das Karlheinz Böhm umgebaut hat, läuft mit einer Ventileinheit von uns!«

7. Kapitel

Der »Schumi« und die Sonnenkinder von Selm

Chorleiter Hans W. Schumacher

Chorproben sind eine eher ernste Angelegenheit. Aber wenn »Schumi« Mittwoch nachmittags mit der riesigen Aktentasche und dem dampfenden Pappbecher voll Kaffee im Proberaum der Otto-Hahn-Schule in Selm auftaucht, dann ist Gaudi bei den 60 bis 70 Vorschulkindern angesagt. »Bist du das erste Mal hier, Maria?«, fragt Chorleiter Hans W. Schumacher eine Fünfjährige. »Wo kommst du denn her?« »Aus China«, sagt die Kleine keck. »Sandra, wo hast du deinen Zahn gelassen? Daniel hat Geburtstag, hoch soll er leben! Paulchen, aufpassen!« Der 56-jährige Realschullehrer kann's einfach mit den Kleinen, sonst würden die auch keine Minute stillsitzen. »Was machen die Rehe da draußen?«, lenkt er sie ab, um sich einen tiefen Schluck Kaffee zu stehlen. Ertappt! »Kein Kaffee beim Singen!«, brüllt die junge Meute. Schumi grinst erwartungsgemäß schuldbewusst, setzt sich mit Schwung ans Klavier und intoniert das Lied von den »Sonnenkindern«.

Zum Chorleiter muss man wohl geboren sein. Schon während des Studiums in Aachen fuhr Schumacher jeden Dienstagabend mit seinem uralten Fiat heim nach Selm am Rande von Ruhrpott und Münsterland, weil pünktlich um halb neun die erste Probe begann. Falls nicht mal wieder der Keilriemen gerissen war. Erwachsenenchöre wie die Sängervereinigung Selm und die Liederbrücke betreut er seit Jahrzehnten. Eigentlich war es naheliegend, dass der Fachlehrer für Musik und Sport irgendwann einmal einen Schulchor gründen würde. »Im Nachhinein ärgert mich bloß, dass ich nicht früher auf die Idee gekommen bin«, sagt Schumacher. Recht hat er. Denn die 1983 aus der Taufe gehobenen »Sonnenkinder« sind heute der größte Jugendchor Nordrhein-Westfalens, mit 40 bis 50 Auftritten in Hörfunk und Fernsehen (ZDF), drei neuen CDs, MCs und Langspielplatten. Über 200 Kinder von fünf bis 17 proben regelmäßig mit Schumi. Und da es oft Tränen gab, wenn die

Kinderchorkarriere im Führerschein-alter zu Ende ging, hat er noch einen Jugendchor für 18- bis 27-Jährige draufgesetzt. Der Name »Sonnenkinder« ist übrigens Programm: nicht, weil das Wetter im südlichen Münsterland so schön sei, sondern weil der Lehrer all die fernseh- und konsumgeschädigten Kids durch Musik und Gemeinschaftserlebnisse auf die »Sonnenseite des Lebens« holen wollte.

Mit Musik begann übrigens auch sein Engagement für Karlheinz Böhm und dessen Äthiopienhilfe. Schumis 25-jähriges Chorleiter-Jubiläum stand am 9. September 1988 bevor. »Da habe ich überlegt, bevor ich da an die hundert Flaschen bekomme...«, sagt Schumacher. Nicht, dass er etwas gegen Geschenke hätte, aber ein Benefizkonzert, das wär's. »Wir haben Selm damals rebellisch gemacht«, sagt Schumacher, worauf er noch heute stolz ist. Mit 10 000 Handzetteln:

Hans W. Schumacher. (Foto: privat)

»Äthiopien hungert – bitte helfen!« Schnell bildete sich ein *Menschen für Menschen*-Arbeitskreis, der bis heute zu den alleraktivsten gehört. Alle Selmer Vereine, von Sportclubs, Brieftaubenfreunden bis hin zu den Bäckern, die ein 40 Meter langes Brot stifteten, machten mit. Zum Konzert waren die 1700 Plätze der Dreifach-Turnhalle ausverkauft. Die Sonnenkinder und alle anderen Chöre, Operntenöre und Pianisten traten auf, 60 000 Mark kamen für Äthiopien zusammen. Damals war Karlheinz Böhm das erste Mal zu Gast. Und wenn der Chorleiter an »den tollen Augenblick« denkt, als alle gemeinsam auf Böhms Wunsch »We shall overcome« sangen, bekommt er noch heute glänzende Augen.

Mit den Jahren sind Böhm und Schumacher Freunde geworden. Der Chorleiter bewundert »die unheimliche Energie«, mit der sich der Stiftungsgründer für Afrika einsetzt. »Und er ist so nett und bescheiden, wenn er bei uns ist«, ergänzt Frau Brigitta, ebenfalls Lehrerin in Selm. Seit 13 Jahren koordiniert Schumi als »Rap«, also Regionaler Ansprechpartner, die Arbeit von *Menschen für Menschen* im nördlichen Teil von Nordrhein-Westfalen. Jedes Jahr gibt's einen großen Wandertag, an dem Hunderte Spaziergänger, Radler, Inline-Skater und Kutschfahrer 12, 24 oder 48 Kilometer für die Äthiopienhilfe zurücklegen. Mit anschließendem Fest auf dem Gelände der Otto-Hahn-Schule. »Wissen Sie, der Schulalltag ist heute oft deprimierend, da erlebt man Schlagen, Spucken und Beißen«, sagt der Pädagoge. Umso mehr freut es ihn, dass viele seiner Kids Solidarität mit Afrika zeigen.

Hans W. Schumacher hat eine dritte Leidenschaft, und die heißt Fußball, genauer gesagt: Borussia Dortmund. Schumi wäre natürlich nicht Schumi, wenn er nicht alle drei Leidenschaften, seine Chöre, Äthiopien und König Fußball, mit Synergie-Effekt verbinden könnte. So haben die Sonnenkinder schon sieben Mal im Westfalen-Stadion vor 55 000 Fans gesungen. »Wir sind so 'ne Art Maskottchen, wenn wir auftreten, gewinnt Dortmund auch«, sagt der Chorleiter. Die Kicker haben sich auf ihre Art herzlich revanchiert. Im April 1995 spielten sie auf Selmer Rasen beim Freundschaftsspiel gegen Tsernomoretz Novorossik aus Polen 108 000 Mark für Afrika ein.

1995 reisten die Schumachers mit ihrer Mitstreiterin Cato Kieslich auf eigene Kosten nach Äthiopien, um sich die Fortschritte in den *Menschen für Menschen*-Projekten anzusehen. »Ich war so begeistert von den Leuten dort«, schwärmt Brigitta Schumacher noch heute. Vice versa. Denn als der Chorleiter hinter einem Zaun äthiopische Schulkinder beobachtete, die mit todernsten Gesichtern in Reih und Glied vor ihren Lehrern stramm stehen mussten, da hielt es ihn nicht mehr. Der Mann, der gerne Schauspieler oder Fußballer geworden wäre, zog hinter dem Rücken des gestrengen Kollegen so lange Grimassen und machte stumm seine Faxen, bis die Kinder sich vor Lachen bogen und ihm, dem Fremden, allesamt in die Arme liefen.

8. Kapitel

Sportler gegen Hunger
Kreissportbund Vechta

Eigentlich haben hohe Hacken im Fußball keine Chance. Aber diesmal zog Almaz, die quirlige Äthiopierin, ihrem Ehemann Karlheinz Böhm im Neunmeterschießen mit 1:0 Treffern davon. Trotz der rasanten Absätze. Die Böhms auf fünf »Sportler gegen Hunger«-Veranstaltungen im Kreis Vechta in etwas über 24 Stunden, das roch nach Rekord. Doch das Paar war natürlich nicht auf der Jagd nach Bestleistung, es wollte einfach einmal die vielen Aktionen des Kreissportbunds Vechta, der seit 1984 zu den Säulen von *Menschen für Menschen* gehört und sagenhafte 1,5 Millionen Mark gespendet hat, live miterleben. Dabeisein ist alles.

»So wie Sie muss man es machen: mit Spaß und Freude etwas gemeinsam unternehmen!«, dankte Karlheinz Böhm Besuchern und Sportfans bei seiner ersten Station, dem Brinkmann Cup, Fußballturnier in Lohne.

Karlheinz Böhm mit Wanderern des Kreissportbundes Vechta. (Foto: Oldenburgische Volkszeitung)

Spontaner Beifall, wo immer die Böhms auftraten, ob bei der beliebten Ortswanderung in Lüsche, beim Hallenkick der Oyther Champions League oder bei der Hengstschau in der Reiterstadt Vechta – die Popularität des ehemaligen Starschauspielers ist hier ungebrochen, das Engagement für sein Äthiopien-Hilfswerk groß. »Ich bin aber nie gekommen, um zu betteln«, versicherte Böhm, »sondern ich habe den Menschen immer von meiner Wut über die Diskrepanz zwischen Arm und Reich erzählt. Das ist die Basis meiner Arbeit, auch heute noch nach 20 Jahren.«

Wie haben sich die Benefiz-Sportler aus dem Oldenburgischen und *Menschen für Menschen* gefunden? »Als im Dezember 1984 die Elendsbilder von der Hungerkatastrophe in Äthiopien über das Fernsehen kamen, da wollten wir spontan etwas tun«, sagt Franz-Josef Schlömer, Sportchef der *Oldenburgischen Volkszeitung*. »Erst waren es ein paar Handballer, die fünf Mark für jedes Tor stifteten«, ergänzt Mitinitiator Franz Meyer, rühriger Geschäftsführer vom Kreissportbund Vechta. Beide Partner, die *Oldenburgische Volkszeitung* und der Kreissportbund, riefen die Aktion »Sportler gegen Hunger« ins Leben, während der in nur zwei Monaten 110 000 Mark Spenden gesammelt wurden.

Aber nicht einmal die Initiatoren ahnten, dass aus der karitativen Vechtaer Initiative einmal ein Mega-Winter-Spektakel werden würde, bei dem sich Jahr für Jahr zwischen Dezember und Januar Hunderte von Mithelfern – Musiker und Männerchöre, Profis und Amateure – engagieren, ein Ereignis, das aus dem Vereinsleben nicht mehr wegzudenken ist. Ob Volksläufe und Wandertage, ob Jux-Turniere aller Art, Prominentenschießen, Doppelkopf, Preisskat, Hallenkick und Tennis-Match, Badminton-Training, Hengstauktion und Sportschauen, Akrobatik, Blaskapelle und Oldie Night, Kuchenverkauf und Tombolas, die Phantasie der Clubs und Vereine zum Spendensammeln kennt keine Grenzen. Das bizarrste Fundraising soll der so genannte Viererbob sein, wo die Teilnehmer nach solidarischem Bier und Korn eine Polonaise rückwärts durchs Lokal veranstalten.

Soviel Sport am Stück wie an diesem nasskalten Januarwochenende 2001 hat Karlheinz Böhm wohl selten mitgemacht. Nach der gemeinsamen Wanderung mit 500 dick vermummten Spaziergängern aus Lüsche, Hausstette und Vestrup gab er, Sohn des berühmten Dirigenten Karl Böhm, beim Lohner Shanty-Chor »Dei Binnenschippers« ein kleines

Gastspiel in der Suding-Halle. Bei der Hengstauktion zog er als Ehrengast die Glückslose für die fünf Pferdefreunde, die je einen Freisprung für ihre Zuchtstuten daheim im Stall gewinnen konnten, um schließlich noch die Fußballturniere von BW Langenförden und vom VFL Oythe zu besuchen. Und siehe da, diesmal glückte ihm beim Neunmeterschießen ein Treffer, während Almaz verschoss. »Das war gut für die Moral«, so Böhm.

Doch keinen Moment ließ der 73-jährige Äthiopien aus den Augen. »Es gibt keine erste und keine dritte, es gibt nur eine Welt«, sagt er zum Abschied, »darauf hin müssen wir alle gemeinsam leben.« Am Sonntagabend auf dem Osnabrücker Flughafen sagt jemand: »Da ist doch Karlheinz Böhm, der war doch vorhin noch in Langförden.« »So klein ist die Welt«, schrieb die Oldenburgische Volkszeitung. Und auf der befinden sich gemeinsam Langförden und Äthiopien.

9. Kapitel

Benefiz mit Brezen und Bonbons
Wentzinger Gymnasium, Freiburg

Eigentlich ist das Wentzinger Gymnasium in Freiburg einer der üblichen grauen Betonklötze, doch über dem Eingang, einer Art Wärme-
schleuse mit Doppeltüren, steht hoffnungsfroh: »Wir sind eine klima-
freundliche und energiesparende Schule!« Tatsächlich macht das Gymnasium im eilig hochgezogenen Freiburger Westen, anfangs ein Stief-
kind unter den renommierten Schulen der Uni-Stadt und nur auf Druck
der Elternschaft hier gebaut, der Ökobewegung im Südwesten alle Eh-
re. Auf dem Dach hat die Umwelt-AG vor fünf Jahren eine Solaranlage
installiert, die im von der Sonne verwöhnten Südbaden ungefähr
24 000 Kilowattstunden Strom erzeugt und damit fast 50 Klassenzimmer mit Strom versorgt. »Da haben wir der Stadt schon einige zigtausend Mark an Energiekosten gespart«, sagt Direktor Wolfgang Gillen
stolz.

Die Mülltrennung im Schulhaus ist bis zur Heftzwecke organisiert.
Um das Schulhaus gibt es ein ausgedehntes Parkgelände mit Öko-
Teich. Und mancher Fünftklässler hat mit seinen Bio-Lehrern schon
rüttelnde Turmfalken auf Flur und Feld und brütende Rohrdommeln
am Weiher beobachtet, bevor er das Wort Exkursions-AG richtig
schreiben konnte – um dann vielleicht in höheren Klassen einmal bei
»Jugend forscht« zu gewinnen wie die zwei Sechstklässler, die 1998 mit
ihrer Wiege-Aktion von Mäusebabys einen Sonderpreis erhielten.

Schule sei keine Tretmühle, sondern ein heiterer Tummelplatz des
Geistes, hat schon der Philosoph Comenius im 17. Jahrhundert gesagt –
und des Erlernens von Solidarität, könnte man O-Ton Peter Adler, von
1972 bis 1999 Direktor und Spiritus Rector des »Wentzinger«, hinzufügen. Adler knüpfte Ende der 1980er den Kontakt zu *Menschen für
Menschen*, nachdem seine Zehntklässler von der »Dritte Welt – Eine
Welt-AG« ihre Aktionen für den südamerikanischen Regenwald ent-
täuscht abgebrochen hatten.

Aber Äthiopien läuft und läuft. Einmal kam Karlheinz Böhm ans Went-zinger, um mit den Schülern zu diskutieren, und jüngst war auch Almaz Böhm da, um sich persönlich zu bedanken. Denn mit ihren Aktionen, die bisher über 150 000 Mark einbrachten, haben sie entscheidend den Um-bau von zwei heruntergekommenen äthiopischen High Schools in Harar und Kombolcha finanziert. Tag für Tag, Pause für Pause, Pfennig für Pfennig wird gesammelt, was alle so übrig haben. Da steht Giselher Schirmeister, Deutsch- und Religionslehrer, täglich um 10.15 Uhr dichtbe-drängt am Dritte-Welt-Stand und verkauft mit älteren Schülern Brezen, Fanta, Kaugummis und Lutscher, bis es zum Unterricht läutet. Ein paar Eltern haben moniert, dass es zuviel Süßes gäbe. »Das kaufen wir ja eh«, meint dagegen eine Sechstklässlerin, »und so isch' für 'nen guten Zweck!«

»Die Laugenbrezen besorgen wir für 62 Pfennig ab Fabrik, die Schü-ler zahlen 90 Pfennig«, erklärt Schirmeister und rechnet schnell aus, dass es heute 115 Stück waren. Donnerstags werden selbstgebackene Kuchen verkauft, manchmal kommen Kollegen vorbei und stecken ei-nen Zwanziger- oder Fünfziger-Schein in die Kasse. So kommen alle vier Wochen tausend Mark in die Büchse, die die Schulsekretärin an *Men-schen für Menschen* überweist.

»Spendenaktionen sind toll, aber mir geht es auch ums tiefere Verständnis für Länder wie Äthiopien«, sagt Fachlehrer Schirmeister. Das haben die Schüler am Wentzinger durchaus, wie eine spontan gehaltene Unterrichtsstunde bei seiner 6a eindrucksvoll zeigt.

»Was fehlt den Menschen da unten?«, fragt Schirmeister die elf- bis zwölfjährigen Kinder. »Na, Brot oder so«, bemerkt ein schmaler Junge spontan. Aber nach zehn Minuten haben die Schüler, die sich sonst eher für Britney Spears und Rapper Eminem interessieren, einen handfesten Katalog von Unterentwicklung erarbeitet, der von Bürgerkrieg über Dürre bis Kinderarbeit reicht. »Was ist schlimmer, Hungersnot oder Wassermangel«, fragt Schirmeister. »Wasser«, sagt ein gescheites Mädchen, »sonst kinn mer ja net pflanze.« Anhand der Bilder im 2001-*Menschen für Menschen*-Foto-Kalender von Jürgen Strauss (der auch für dieses Buch fotografierte), erklärt der Lehrer, was Hilfe zur Selbsthilfe bedeutet. Abholzung etwa, ein Thema, das die Schüler beschäftigt, seit Weihnachten 1999 Orkan »Lothar« auf riesigen Waldflächen Baden-Württembergs Bäume wie Streichhölzer knickte. »Bäume sind überlebenswichtig«, resümiert der Lehrer, »wieviel Setzlinge hat Karlheinz Böhms Organisation wohl gepflanzt?« 5000, 10 000, 90 000 raten die ersten. Nein, 39 Millionen heißt die richtige Zahl, da schweigen sie beeindruckt. Was Schule für äthiopische Kinder bedeute, fragt Schirmeister zum Abschluss. Schon irgendwie komisch, dass die in Afrika darüber froh sind, auch wenn sie zu 80 oder 90 in einer Klasse hocken müssen. Doch eine Schülerin hat es auf den Punkt gebracht: »Das isch für die wie für uns der Europa-Park« (riesiger Freizeit-Park im Rheintal, d. Red.), sagt Daniela, »für uns ist die Schule manchmal fad, für die isch das was ganz Besonderes!«

10. Kapitel

Wer dem Tod so nah war, denkt anders
Dietmar Krieger

Der Mann mit den kurzen grauen Stoppelhaaren wirkt, als habe er heute noch etwas Schönes vor. »Ich muss nachher noch in meine Männergruppe«, erklärt Dietmar Krieger heiter, »da reden wir über's Sterben.« Über den Tod? Ist doch eigentlich traurig! »Wieso?«, fragt Krieger, »einer von unserer Gruppe kommt heute zum letzten Mal, um seinen Abschied von dieser Welt zu feiern!« An den Nebentischen in der Bahnhofsgaststätte von Offenburg ist es mucksmäuschenstill geworden, ein älterer Mann verschluckt sich lautstark am Bier. Wie kann einer so fröhlich übers Sterben reden?

Dietmar Krieger.
(Foto: privat)

Dietmar Krieger, Vorsitzender des bundesweiten Fördervereins von *Menschen für Menschen*, hat keine Berührungsängste mit dem Tod, dazu hat er ihm selber schon zu nahe gestanden. Mit 40 erwischte es ihn, gerade als er seine Druckmaschinenfirma in Offenburg in Schwung gebracht hatte. »Aggressiver Tumor«, meinten die Ärzte, die ihm nicht mehr viel Zeit gaben. Nach dem ersten Schock sagte er sich: »Ich bin noch nicht dran, ich habe noch was vor auf dieser Welt.« Damals begann der junge Unternehmer, sich nicht mehr mit Umsätzen, Kapital und Rücklagen, sondern mit Krankheit, Tod und Endlichkeit zu beschäftigen. Plötzlich hatte die Firma, für die er so viele Nächte geopfert hatte, keine Bedeutung mehr. Dafür ließen ihn andere Nachrichten, etwa, dass jeden Tag 48 000 Kinder an Hunger sterben, nicht mehr los. Da schloss er mit Gevatter Tod eine ganz intime Wette ab. Sollte er genesen, wolle er sich ganz anders als bisher engagieren.

Eine heiter bis ernste Unterhaltung in der verräucherten badischen Bahnhofswirtschaft: Seit er dem Tod ins Auge schaute, habe er das Lachen wieder erlernt, sagt der gebürtige Kölner, das sei kein Paradoxon. Aus dem Offset-Unternehmer Krieger ist ein Journalist, Sterbebegleiter und Trauerredner geworden – und einer der aktivsten Mitstreiter von Karlheinz Böhm. »Sie brauchen einen festen Kreis von Förderern aus Politik und Wirtschaft«, riet er ihm. Da man bei der Stiftung *Menschen für Menschen* nicht Mitglied werden kann, gründete Krieger 1995 den Förderverein als Ergänzung. Ihm gehören 250 Mitglieder aus Politik und Wirtschaft, darunter die Verlegerin Aenne Burda, die frühere Bundestagspräsidentin Rita Süssmuth und ehemalige Führungskräfte von Daimler-Chrysler und Ciba Geigy an.

»Menschen für Menschen«, Krieger lässt sich die Worte auf der Zunge zergehen, »der Name der Organisation ist doch genial!« Er hat sein unternehmerisches Talent voll in den Dienst der Hilfsorganisation gestellt. Gibt es Bücher und Broschüren für *Menschen für Menschen* zu verschicken, stellt er sein Haus als Versandbüro zur Verfügung. Ist eine Veranstaltung mit dem progressiven Theologen Eugen Drewermann oder dem Sänger Konstantin Wecker im Südwesten zu organisieren – Krieger fragen. »Mit unserem Einsatz geben wir Äthiopien Hilfe zur Selbsthilfe«, sagt der 52-Jährige auf Veranstaltungen, wobei er gerne zugibt, dass für ihn *Menschen für Menschen* auch Hilfe zur Selbstfindung war.

Beim Abschied wünscht Krieger mir fröhlich eine gute Zugfahrt zurück nach Hamburg. Ich gebe ihm, leicht beklommen, alles Gute für den Abschiedsabend in der Männergruppe mit auf den Weg. »Wissen Sie, was mein fünfjähriger Sohn Samuel sagt«, ruft Krieger noch über die Gleise, »›Wenn ich ein Mann bin, gehe ich auch zu *Menschen für Menschen!*‹«

11. Kapitel

»Wir basteln gern für die Menschen dort«
Ehepaar Ludwig

Ein altes Paar wie aus dem Bilderbuch. So wie Kinder sich Großeltern wünschen: mit weißen Haaren und dabei so agil, aufgeschlossen und an allem interessiert, was so auf den fünf Etagen des Wiener Mietshauses auf dem Fußboden robbt, im Kinderwagen kräht oder bereits auf dem nahen Spielplatz turnt. »Deshalb sind wir vor neun Jahren hier nach Kaisermühlen gezogen«, sagt Adolf Ludwig, 80. »In eine junge Nachbarschaft«, ergänzt seine Frau Irene, 77, »allein in unserer Stiege gibt es 17 Kinder!« Dazu kommen natürlich noch die eigenen drei Enkel. Mühsam hat sich Frau Ludwig erhoben, doch jetzt gibt sie sich einen Ruck und strahlt mich mit ihren blauen Augen an, so als ob nichts wäre.

Ein ruhiges Altenteil, das können die Ludwigs sich nicht vorstellen. Früher war er Leiter einer Textilfabrik, sie war Hausfrau, aus Überzeugung, wie sie sagt – und wie man es an der selbstgebackenen Linzer Tor-

Adolf und
Irene Ludwig.
(Foto: privat)

te schmeckt. Heute ist das Rentnerpaar beschäftigter denn je: Frau Ludwig ist Kunsthandwerkerin und bastelt, malt, marmoriert und kreiert von morgens bis abends im Dienste von *Menschen für Menschen*. Ihr Mann assistiert und erledigt mit feiner altmodischer Handschrift das Geschäftliche. »Allein mit der Bastelei haben wir an die 700 000 Schilling erwirtschaftet, das sind knapp 100 000 Mark«, sagt er stolz. Als das Wiener MfM-Büro vor einigen Jahren bei dem sozial engagierten Paar anfragte: »Könnt's ihr nicht was für Äthiopien tun?« – da haben die beiden nicht lange gezögert. »In den Sechzigern habe ich drei Jahre lang in Afghanistan Textilfabriken aufgebaut, wir wissen sehr genau, wie schlimm die Armut in diesen Ländern ist.«

Adolf Ludwig bringt eine Art Diplomatenkoffer daher. »Das sind unsere selbstgemachten Billetts«, sagt Frau Ludwig. Billetts? »Na, Grußkarten halt«, erklärt sie. Billetts, das klingt auch wirklich original nach Wien und »Küss die Hand, Madame«. Die Billetts aus dem Aktenkoffer sind von der besonderen Art. Keine gefühlsduseligen Hallmark-Karten, sondern kleine Kunstwerke aus Rabenfedern, Tapeten, Stoffresten, Altpapier, Blättern. »Wir können gar nicht über die Straße gehen, ohne etwas Originelles zu finden«, sagt Irene Ludwig. Am besten gefällt mir das Billett mit der Pfauenfeder, die über einer schneebedeckten Himalaya-Landschaft – aus heimischen Tapetenstücken – zu schweben scheint.

Bei Ludwigs ist immer Saison. Zu Weihnachten haben sie wieder ein paar hundert »Engerl« gebastelt und sie für 48 Schilling (7 Mark) pro geflügeltes Wesen auf Adventsbasaren oder im Allgemeinen Krankenhaus Wien verkauft. »Da komme ich dann mit Patienten, Schwestern und Angehörigen in Kontakt und kann ihnen etwas von Äthiopien erzählen«, sagt Frau Ludwig. Jetzt im Winter ist Osterschmuck dran. Über tausend handgemalte und gewachste Ostereier. Ihre Lieblingsstücke aber seien die Blumenelfen, erklärt die alte Dame und erhebt sich mühsam, um die zarten kleinen Anhänger aus Stoffteilchen aus dem Wintergarten zu holen. »Kann ich doch...«, sagt ihr Mann. Plötzlich stürzt Irene Ludwig. Als wir herbeieilen, hat sie Tränen der Wut in den Augen, die sie genauso tapfer kaschiert wie ihre fürchterliche Krankheit: Multiple Sklerose. Erst jetzt begreife ich wirklich: Die Frau, die so viel für Äthiopien leistet, kann selber kaum noch gehen. Außerhalb ihrer Wohnung ist sie an den Rollstuhl gefesselt und völlig auf die Hilfe ihrer Mitmenschen angewiesen. Sie weiß, dass MS eines Tages zur tödlichen Nervenlähmung führt – und das Klagen darüber sie und ihre Familie nur traurig machen würde. »Für die Krankheit habe ich keine Zeit«, sagt sie stolz.

Es gibt ja soviel zu tun. Einmal im Jahr zur Weintaufe richtet ihre Arbeitsgruppe das Buffet für die *Menschen für Menschen*-Veranstaltung in der Kuppel des ehrwürdigen Naturhistorischen Museums aus. 1200 belegte Brote wollen da hergerichtet werden. Beim Empfang sitzt sie dann im Rollstuhl und findet es witzig, wie einige der Reichen und Schönen von Wien sich aufs Buffet stürzen, als hätten sie – und nicht die Adressaten in Äthiopien – tagelang nichts gegessen. Die Ludwigs freuen sich auf den Sommer. Da packt Irene ihren elektrischen Rollstuhl voll mit Billetts, Basteleien und Äthiopien-Info-Material und fährt ins nahegelegene »Gänsehäufel«-Strandbad an der Alten Donau. Wenn ihr Mann dann schwimmen geht – tatsächlich hat die blaue Donau hier noch Badewasser-Qualität –, setzt sich Frau Ludwig im Rollstuhl an den *Menschen für Menschen*-Stand unter den hohen Bäumen und erzählt den Wiener Kindern etwas über Äthiopien.

Anhang

20 Jahre Menschen für Menschen – *Die Organisation*

Adressen und Spendenkonten

Amanuel

20 Jahre Menschen für Menschen – Menschen, Projekte, Zahlen

Kurzer Überblick zur Geschichte Äthiopiens

Äthiopien – Deutschland: ein Vergleich

20 Jahre Menschen für Menschen – eine Organisation wird erwachsen

Eine Frau aus dem Publikum: »Herr Böhm, wen meinen Sie denn mit ›wir‹?« Böhm: »WIR, also das sind Sie hier und ich, und Menschen für Menschen, meine äthiopischen und deutschen Mitarbeiter. WIR, das sind Sie und ich und alle hier im Publikum, die nicht die Hände in den Schoß legen und dem Hunger in Äthiopien oder anderswo gleichgültig zuschauen. WIR, das sind alle diejenigen, und da gibt es zum Glück viele, die mit dieser brutalen Welt nicht einverstanden sind und noch ein bisschen verändern möchten.«

Volkshochschule Stuttgart, 30. März 1992

Am 13. November 1981, fünf Monate nach »Wetten, dass...?« und kurz bevor er das erste Mal überhaupt nach Äthiopien flog, gründete Karlheinz Böhm mit sechs Mitstreitern *Menschen für Menschen* in München. Niemand, auch er selbst nicht, konnte voraussehen, dass aus einer einfachen Wette eine große und dabei so menschliche Organisation werden würde, die fast zwei Millionen hungernder und verarmter Landbewohner in Äthiopien Hilfe zur Selbstentwicklung leistete. Dass die Projekte vom Brunnenbau bis zur Aufforstung, von der Erosionseindämmung bis zu Krankenstationen, von Frauen-Kleinstkrediten bis zu Technischen Ausbildungszentren reichen würden – auf einer Fläche von der Größe Hollands. Und dass sich im Laufe von 20 Jahren mehr als zwei Millionen Spender hier, in unserer Wohlstandsgesellschaft, engagieren würden. Dass sich das Spendenaufkommen zum 20. Geburtstag von *Menschen für Menschen* mehr als verhundertfachen würde: von den berühmten 1,7 Millionen auf 340 Millionen (Stand August 2001).

Anfangs hatte Karlheinz Böhm alles alleine machen wollen. Keinen Bürokram, keinen Verwaltungsaufwand wie bei den etablierten Hilfsorganisationen. Zwei Hausfrauen halfen ehrenamtlich beim Tippen der Spendenquittungen. Ganz ohne Bürokratie ging es natürlich nicht, doch klein, effizient und überschaubar sollten die drei Büros in München, Wien und in St. Gallen bleiben, wo auch heute insgesamt nur 14 Mitarbeiter für Öffentlichkeitsarbeit, Spenderbetreuung, Buchhaltung, Einkauf und Transport nach Afrika sorgen. In Äthiopien hat *Menschen für Menschen* 621 einheimische Mitarbeiter, darunter nur sechs europäische Experten. *Menschen für Menschen* gibt jährlich zwischen 5,8 und 7 Prozent des Budgets für Verwaltung aus, was im Vergleich zu anderen karitativen Organisationen extrem niedrig ist. *Menschen für Menschen* wird jedes Jahr vom unabhängigen Deutschen Zentralinstitut für soziale Fragen (DZI) in Berlin überprüft und erhielt jedes Mal das begehrte DZI-Spendensiegel, das für Transparenz und Seriosität im humanitären Spendenwesen steht.

Jeder kann auf ehrenamtlicher Basis bei *Menschen für Menschen* mitmachen. Als Einzelner, als Schule, Künstlergruppe oder Betrieb: *Menschen für Menschen* hat Patenstädte wie Darmstadt, Meerbusch, Remscheid, Ober-Ramstadt und Eberbach sowie Patengemeinden wie Roßdorf und Vaterstetten. In Österreich sind es Graz, Linz und Salzburg. Etwa 300 ehrenamtliche Mitstreiter arbeiten kontinuierlich in Arbeitskreisen, die von neun RAPS, den Regionalen Ansprechpartnern, in den Bundesländern koordiniert werden. Etwa 90 000 ständige Spender lassen sich über den Nagaya-Brief (Nagaya, Frieden, heißt das allererste Dorf im Erer-Tal) Insider-Informationen aus Äthiopien zukommen. Etwa 120 000 Menschen greifen jedes Jahr zum Überweisungsschein.

»›Was wird aus *Menschen für Menschen*, wenn ich nicht mehr da sein werde?‹ Wohl keine Frage ist mir so oft in den letzten Jahren gestellt worden wie diese«, sagt der 73-jährige Gründer der Hilfsorganisation souverän. »Heute kann ich aus vollem Herzen sagen, dass Almaz, meine Frau, zu einer wunderbaren Stellvertreterin geworden ist, die unseren gemeinsamen Weg konsequent weitergehen wird.« »Frau Böhm ist kompetent, offen und hat eine Ausstrahlung, die jedes Publikum in Bann schlägt«, charakterisiert sie Christian Osterhaus, Geschäftsführer des Münchener und Wiener Büros von Menschen für Menschen. »Beide ergänzen sich hervorragend, ein echtes Doppel.« Gerade als Frau, Landwirtschaftsexpertin und Äthiopierin, so sieht es Andrea Wagner-Hager, MfM-Mitarbeiterin in Wien, habe sie eine wichtige Brückenfunktion zwischen Europa und Afrika. – Almaz bedeutet eben »Diamant«. Und der ist bekanntlich unvergänglich.

Adressen und Spendenkonten

Wenn Sie sich informieren oder engagieren wollen:

Deutschland:
Stiftung Menschen für Menschen e.V.
Brienner Str. 46 (Rückgebäude)
D-80333 München
Tel: 089-38 39 79-0; Fax: 089-38 39 79-70
email: info@mfm-online.org
Internet: www.mfm-online.org

Konto-Nr. 18 180 018
Stadtsparkasse München BLZ : 701 500 00

Österreich:
Verein Menschen für Menschen
Capistrangasse 8/10
A-1060 Wien
Tel: 01-586 69 50-0; Fax: 01-586 69 50-10
email: office@mfm.at
Internet: www.mfm-online.org

Konto-Nr: 7.199.000 PSK

Schweiz:
Stiftung Menschen für Menschen
Aepli-Str. 26
CH-9008 St. Gallen
Tel: 071-244 30 60; Fax: 071-244 30 61
email: info@aethiopienhilfe.ch
Internet: www.aethiopienhilfe.ch

Postkonto: 90-700 000-4

Amanuel oder das Münchner Kindl

Amanuel lebt in Frau Abebechs Waisenhaus in Addis Abeba. Ein schmächtiger Junge mit großen Augen, der fast nie spricht. Über seinem Mund, der wie ein kleiner Vogelschnabel vorgestülpt ist, sieht man noch starke Operationsnarben. Von damals, 1997, als *Menschen für Menschen* das Kind, das an schwerster Kieferndeformation litt, nach München zur Operation holte. Manchmal, wenn sich der Junge unbeobachtet glaubt, zieht er ein kleines abgegriffenes Plastikalbum hervor, fährt mit seinen Fingern über die Fotos aus München und brabbelt in einer Phantasiesprache, die nur er versteht.

»Amanuel war unser Bürokind«, sagt Axel Haasis, bei *Menschen für Menschen* in München für Public Relations zuständig. »Er hatte doch niemanden hier, nur uns«, fügt seine Kollegin Brigitte Weese hinzu. Gekümmert hatten sich die Mitarbeiter schon, als das verstörte Kind im Krankenhaus operiert wurde. Sie brachten ihm Eis und Spielzeug ans Klinikbett und nahmen ihn bei schönem Wetter mit in den Biergarten.

Amanuel wurde bald entlassen, doch bis die eingepflanzte Stahlplatte im Rachen verheilte, musste er ambulant behandelt werden. Wo sollte das Kind auf die Schnelle bleiben? Brigitte Weese, damals gerade Single, nahm Amanuel zu sich in ihre kleine Wohnung, die sie mit Dackel Axel teilte. »Der Kleine hatte große Schmerzen, anfangs verstand er kein Wort Deutsch, doch er hat sich so rührend angepasst«, sagt Frau Weese. Da sie ganztags arbeitet, kam Amanuel eben mit ins Büro. Am liebsten führte er Dackel Axel spazieren oder zog den großen Axel mit zum Spielplatz. »Einmal bekam er bei McDonald's einen Luftballon geschenkt, da zeigte er mir mit den Fingern, dass er unbedingt noch zwei haben wollte«, erzählt Haasis, »ich dachte noch, wie frech, aber dann führte der Kleine mich zurück in die Klinik, wo noch seine beiden jungen Mitpatienten lagen, und schenkte ihnen die Ballons.«

Als der Kiefer verheilt war, buchte das Büro Amanuels Rückflug. »So war es abgemacht«, sagt Brigitte Weese, »es war das Beste für ihn!« Als müsse sie sich selbst überzeugen. Anfangs schien Amanuel sich auf die Heimreise zu freuen, denn Brigittes Kollegin Michaela Böhm hatte sich bereit erklärt, ihn nach Addis Abeba zu begleiten. Zum Abschied bekam er das kleine Fotoalbum und ein großes Kuscheltier geschenkt, doch als er am Flughafen sah, dass Brigitte mit Hund Axel am Ausgang zurückblieb, hat er so wahnsinnig geschrien, dass es ihr fast das Herz zerriss.

Amanuel ist ein stilles, in sich gekehrtes Kind. Als ich ihn im Oktober 2000 in Frau Abebechs Waisenhaus besuche, schaut er stumm vor sich hin. Nur als ich »Brigitte« und »Axel« sage, geht ein kurzes Strahlen über sein kleines Vogelgesicht.

20 Jahre *Menschen für Menschen* – Menschen, Projekte, Zahlen

Projekte in Hararghe, Illubabor, Merhabete, Derra	38 720 km²
Menschen, denen Hilfe zur Selbsthilfe gegeben wurde	ca. 1,7 Mio.
Mitarbeiter in Äthiopien (davon 6 Europäer)	621 Personen

Wasser

Brunnen und Wasserstellen	729
Bewässerungsanlagen für ca. 1260 Hektar Land	30
Wasserreservoire	19
Brücken	6

Bildung

Kindergärten	2
Waisenheime	2
Schülerinnen-Wohnheime	2
Schulen (Neubauten und Renovierungen)	63
Agro- und Technische Ausbildungszentren	4

Gesundheit

Krankenstationen und *health posts*	52
Krankenhäuser (Einzugsgebiet 1,8 Mio. Menschen)	3
Augenoperationen (ambulant)	12 597

Landwirtschaft

Baumschulen und Gärtnereien	122
verteilte Setzlinge	46 Mio.
Terrassenbau zur Verhinderung der Erosion	15 922 km
Vetivergras zur Bodenstabilisierung	2000 km
Veterinärstationen	14

Frauen

Kleinkreditnehmerinnen	2572
Handwerkszentren (Töpferei, Weberei, Näherei)	11
Energiesparöfen	3827

Von der Königin von Saba bis zum Bruderkrieg mit Eritrea

Kurzer Überblick zur Geschichte Äthiopiens

3000 bis 1000 v. Chr.

»Äthiopien« kommt aus dem Griechischen. Die Aithiops waren die Menschen mit den schwarzen sonnenverbrannten Gesichtern und strahlenden Augen, die südlich von Ägypten lebten. Hier lag das sagenumwobene Reich der Königin von Saba, die um 1000 v. Chr. mit großem Gefolge, Gold, Gemmen und Gewürzen nach Jerusalem gereist sein soll, um einen Ebenbürtigen, König Salomon, zu treffen (Buch der Könige, Kap. 10). Aus ihrer Verbindung ging ein Sohn hervor, der als Kaiser Menelik I. die salomonische Dynastie begründete.

100 bis 900 n. Chr.: Königreich von Axum

In dieser Periode setzten große Bevölkerungswanderungen ein. Aus der Begegnung semitischer und hamitischer Einwanderer mit der einheimischen Bevökerung ging das Königreich von Axum hervor. Südarabische Inschriften, komplexe Steinarchitektur, ans Sanskrit angelehnte Schriftzeichen, Relikte jüdischer Traditionen und frühchristliche Praktiken erinnern an den kulturellen Austausch dieser Zeit. Den Höhepunkt erlebte Axum im 2. bis 4. Jahrhundert, als es den Fernhandel auf See zwischen Ägypten und Indien kontrollierte und seine Herrschaft über weite Teile Südarabiens ausbreitete und festigte. Die Tragweite des Austauschens mit dem Byzantinischen Reich kam in der Konvertierung des äthiopischen Kaisers Ezana (330-340 n. Chr.) durch koptische Mönche zum Ausdruck, der das Christentum zur Staatsreligion erhob.
Die Blüte des axumitischen Staates wurde durch die Ausbreitung des Islam und die Verdrängung der Äthiopier aus dem Fernhandel durch die Perser beendet. Für Äthiopien begann nun die in der Geschichte als »Dunkles Zeitalter« bezeichnete Ära. Uns sind nur wenige historisch

oder archäologisch gesicherte Quellen erhalten. Gegen Ende des 12. Jahrhunderts bildete sich erneut ein christliches Reich heraus, von dessen sakraler Kunst die Felskirchen von Lalibela zeugen. Die Zagwe Dynastie konnte ihre Machtposition aber nur 150 Jahre halten.

Das Reich von Gondar und die Ära der Prinzen

Interne Machtkämpfe zwischen christlichen und moslemischen Kriegsherren (*Warlords*), aber auch Judaismus praktizierenden Herrschern (*Beta Israel*) suchten das Reich für lange Zeit heim. Dennoch berichten uns zu Beginn des 17. Jahrhunderts portugiesische Händler und Jesuiten, die auf der Suche nach einer mysteriösen messianischen Figur, dem Priesterkönig Johannes waren, von blühenden Gärten, mächtigen Klöstern, prunkvollen Palästen und einer wohlgenährten Bevölkerung von Gondar, dem damaligen politischen Zentrum von Äthiopien am Tana-See.

Im frühen 18. Jahrhundert schließt sich die »Ära der Prinzen« an. Das Reich zerfällt in kleine Fürstentümer, die sich gegenseitig stärken oder bekämpfen.

Die Geschichte Äthiopiens und die Errungenschaften der äthiopischen Zivilisation sind ebenso vielseitig wie einmalig. Nirgendwo sonst haben sich Relikte wie Animismus, frühchristliche, dem Judentum verwandte Riten und islamische Bräuche gegenseitig so nachhaltig beeinflußt und in einem derartigen kulturellen Reichtum entfaltet. Äthiopien weist architektonische Zeugnisse auf, die von der UNESCO in die Liste *Kulturschätze der Menschheitsgeschichte* aufgenommen wurden. Die äthiopisch orthodoxe Tradition hat eine Schrift- und Literaturkultur hervorgebracht, die auf dem afrikanischen Kontinent einmalig ist und sowohl Semitisten als auch Kulturwissenschaftler immer wieder in Staunen versetzt. Die Ikonographie ist für Kenner wie Sammler unverkenntlich.

Die einzigartige Buntheit Äthiopiens schlägt sich auch in der geradezu babylonisch Sprachenvielfalt nieder: Es gibt 8 offizielle Verkehrssprachen, an die 70 ethnische Sprachen und über 200 regionale Dialekte, die sich nicht eindeutig voneinander abgrenzen lassen.

1855–1930 Kampf gegen Kolonialmächte

Kaiser Tewodros II. stellte 1855 das Reich der salomonischen Vorfahren wieder her. Er und seine Nachfolger mussten sich gegen die imperialistischen Machtgelüste der Engländer und später der Italiener zur Wehr setzen. 1896 sicherte der Sieg der Äthiopier über die Italiener in der »Schlacht von Adua« die Unabhängigkeit Abessiniens. Kaiser Menelik II., seit 1889 auf dem Thron, überließ Eritrea den Italienern sowie Djibouti den Franzosen und rettete dadurch die Einheit der Amhara. Er legte die ersten Telefon- und Stromleitungen nach Addis Abeba und begann den Bau der Eisenbahn nach Djibouti.

1930–1974 Haile Selassie, der widersprüchliche Kaiser

Ras Tafari, der sich 1930 als 225. Thronfolger der salomonischen Dynastie zum »König der Könige« Haile Selassie (»Kraft der Dreifaltigkeit«) krönen ließ, gehört zu den widersprüchlichsten Gestalten der Geschichte. In einem halben Jahrhundert Regentschaft verkörperte der Negus den Reformer wie den Bremser, den Freiheitskämpfer gegen Kolonialismus und den Kolonialisten im eigenen Land. Er war Mitbegründer der Union der Afrikanischen Staaten (OAU), Befürworter der Blockfreiheit und einer der letzten absoluten Herrscher der Welt.

Nach dem kolonialen Intermezzo der Italiener (1935–1941) gaben die siegreichen Engländer Haile Selassie, dem Negus, wie er genannt wurde (von *Negusä Nagäst*, »König der Könige«), den Thron zurück. Doch während sich die kapitalistische Nachkriegswelt in rasendem Tempo veränderte, blieb Abessinien im tiefen Feudalschlaf. 1962 annektierte Haile Selassie Eritrea, nachdem sich die Engländer von dort zurückzogen hatten, und legte damit den Grundstein für den 30-jährigen Bruderkrieg – der sich bis zum jüngsten Grenzkonflikt von 1998 fortsetzte.

Als 1973 die große Dürre in Wollo und Tigre Hunderttausende dahinraffte, war der Negus am Ende. Der »Derg«, der provisorische Militärrat, übernahm am 12. September 1974 die Macht. »Wenn die Revolution gut fürs Volk ist, dann bin ich für die Revolution«, soll der greise Herrscher gesagt haben, bevor er in einem VW-Käfer aus dem Palast fuhr und Monate später in Kerkerhaft starb.

Aus der Revolution wurde ein 17-jähriger Afro-Stalinismus, der das Land aus dem feudalen Tiefschlaf in sozialistischen Marschtritt bringen sollte und in Krieg und Chaos endete. Nach internen Machtkämpfen konnte sich der skrupelloseste unter den Militärs, Mengistu Haile Mariam, durchsetzen. Der Mann, der sich als roter Preuße verstand, ließ 1977, im »Roten Terror«, Zehntausende oppositioneller Schüler und Studenten erschießen und terrorisierte bis zum Schluss Oppositionelle. 1978 siegte er, mit Hilfe des Ostblocks, über Somalia im Ogadenkrieg, aber den Kampf gegen Hunger und Unterentwicklung verlor er. Die große Dürre von 1984 forderte mindestens eine Million Opfer, niemand weiß, wie viele Menschen im Bürgerkrieg gegen Eritrea oder bei Zwangsumsiedlungen aus den Hungergebieten nach Illubabor und anderen Provinzen starben. (Wenn Karlheinz Böhm den rund 400 000 Umsiedlern und verarmten Bauern, damals auch gegen den Willen der Weltöffentlichkeit, nicht mit Saatgut, Pflügen, Ochsen und dem Aufbau einer Schul- und Gesundheitsstruktur im Urwald von Illubabor geholfen hätte, dann wären es wohl noch zigtausend Tote mehr geworden.) Als die verbündete Sowjetunion zusammenbrach und die Guerillas der EPRDF (Ethopian People's Revolutionary Democratic Front) vor Addis Abeba standen, floh der »rote Negus« resigniert ins Exil nach Simbabwe.

Die siegreichen Guerilleros aus Tigre und Eritrea, die am 28. Mai 1991 barfuß in Addis Abeba einmarschierten, wagten einen zaghaften Sozialismus. Eritrea wurde 1991 unabhängig. Doch einen echten demokratischen Neuanfang gibt es in keinem der beiden Länder. Die äthiopischen Wahlen erwiesen sich als manipuliert, die Wirtschaft liegt nach kurzer Erholung wieder am Boden, die Oromos, größte ethnische Gruppe, haben Separationsgelüste, moslemische Milizen terrorisierten Anfang der neunziger Jahre die Provinz Hararghe (und verwüsteten 1993 Teile des Erer-Tals). Im Mai 1998 brachen Äthiopien und Eritrea, die einstigen Waffenbrüder, einen blutigen Grenzkonflikt um ein Stück Wüste vom Zaun. Der Krieg, der 100 000 Tote gefordert haben soll, brachte neues Flüchtlingselend, aber wenigstens konnte die Dürre im Süden und Osten im Frühjahr 2000 mit internationaler Hilfe gemildert werden. Am 12. Dezember haben Äthiopien und Eritrea ein Friedensabkommen unterzeichnet, aber ein dauerhafter Frieden scheint weit.

Äthiopien – Deutschland: ein Vergleich

	Äthiopien	*Deutschland*
Einwohner	61 Mio.	82 Mio.
Größe	1 113 000 km²	357 000 km²
Bevölkerungswachstum	2,8 %	–0,1 %
Lebenserwartung	49 Jahre	78 Jahre
Kinder pro Frau (durchschnittlich)	6,9	1,3
Patienten pro Arzt	32 500	380
Gesundheitsetat pro Kopf	0,40 Mark	6295 Mark
Säuglingstod auf 1000	113	11
Kindersterblichkeit bis 5 Jahre	177	6
Analphabetenrate	64,5 %	unter 5 %
Einschulungsrate	45,8 %	100 %
Studenten in % der 20–24-Jährigen	1	32
Beschäftigung	84% Landwirtschaft	97% Industrie und Dienstleistung
Bruttoinlandsprodukt pro Einwohner	100 US $	28 870 US $
Export	Kaffee 80%, Felle, Ölsaaten, Kat	Industrieprodukte 95%
Getreideimporte inkl. Nahrungs-mittelhilfe im Jahr 2000	über 1 Mio. Tonnen	–
Registrierte Fahrzeuge inkl. Bus und Lkw	102 800	47 750 000
Länge des Straßennetzes	15 709 km	652 000 km